交通土建类专业来华留学生专用教材
跟我学铁路系列丛书

机车车辆

Locomotive and Vehicle

丛书主编 井国庆
主　　编 路永婕　王　晨　刘晓芳

中国建材工业出版社

图书在版编目（CIP）数据

机车车辆/路永婕，王晨，刘晓芳主编．--北京：中国建材工业出版社，2023.9

（跟我学铁路系列丛书/井国庆主编）

ISBN 978-7-5160-3792-8

Ⅰ.①机… Ⅱ.①路… ②王… ③刘… Ⅲ.①机车车辆—高等学校—教材 Ⅳ.①U26

中国国家版本馆 CIP 数据核字（2023）第 151679 号

内容简介

本书内容聚焦我国铁路运输中的机车、货车、客车、工程车和新型城市轨道交通车辆等机车车辆，涵盖基本结构、专业术语、车辆动力学评价和结构强度评价等知识。全书内容丰富新颖，信息量大。

本书可作为赴华研修车辆工程专业外国留学生的教材，也可供“一带一路”项目所在国工程师培训使用。

机车车辆

JICHE CHELIANG

主编　路永婕　王　晨　刘晓芳

出版发行：中国建材工业出版社

地　　址：北京市海淀区三里河路 11 号

邮　　编：100831

经　　销：全国各地新华书店

印　　刷：北京印刷集团有限责任公司

开　　本：710mm×1000mm　1/16

印　　张：10

字　　数：200 千字

版　　次：2023 年 9 月第 1 版

印　　次：2023 年 9 月第 1 次

定　　价：**39.80 元**

本社网址：www.jccbs.com，微信公众号：zgjcgycbs

请选用正版图书，采购、销售盗版图书属违法行为

本书如有印装质量问题，由我社市场营销部负责调换，联系电话：（010）57811387

《跟我学铁路系列丛书》
编　委　会

序言

Preface

2023年是“一带一路”倡议提出十周年，《跟我学铁路系列丛书》（简称《丛书》）出版是一件喜事。

从事来华留学教育管理工作20年来，恰逢中国留学教育快速发展阶段，我非常幸运地参与并见证了北京交通大学轨道交通国际教育的发展壮大。随着中国铁路走出去，以及高铁名片影响力不断增大，学习铁路相关专业的留学生越来越多。学校建设了高铁双语教学虚拟现实实践平台，以满足学生对铁路相关词汇和知识的学习，但浅显易懂、图文并茂，能体现实用性、先进性的系列教材还是空白。

近年来，随着采用中国设备、中国标准、中国管理等不同模式的多条铁路进入运行，如亚吉铁路、蒙内铁路、雅万高铁等，铁路各专业人才的培养与培训需求增加，也将进一步推动相关教材的建设。

《丛书》既可以作为有汉语基础的人士快速学习铁路知识的自学教材，又可以作为对外汉语教师编写铁路专业汉语教材的参考书目，也可以用于海外企业员工的基本能力培训，还可以成为海外企业中国员工与本土员工共同学习及交流的媒介。

《丛书》一定会为从事铁路相关专业的人士所喜爱，成为中国铁路走出去的一座知识桥梁，为“一带一路”建设做出贡献。

北京交通大学国际教育学院　院长

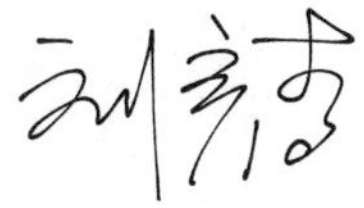

2023年4月

丛书前言

Foreword to the series

自2013年中国提出“一带一路”倡议以来，共建“一带一路”倡议得到越来越多的国家和国际组织的积极响应，影响力日益扩大。中国与“一带一路”沿线国家以政策沟通、设施联通、贸易畅通、资金融通、民心相通为重点，把理念转化为行动，把愿景转化为现实，不断造福沿线国家和人民。

2023年是“一带一路”倡议提出十周年，恰逢这一重要时刻，《跟我学铁路系列丛书》付梓，令人心情激动。铁路在“一带一路”设施互联互通中，发挥了至关重要的基础性和先导性作用，深受沿线国家的欢迎和期待。十年来，以中老铁路、中泰铁路、匈塞铁路、雅万高铁等合作项目为重点的区际、洲际铁路网络建设取得重大进展。泛亚铁路、巴基斯坦铁路、中吉乌铁路、中国—尼泊尔跨境铁路、中欧班列等合作取得积极进展。据测算，铁路合作直接催生的人才培养和培训需求超过30万人。

来自“一带一路”沿线国家的留学生来华学习铁路知识的热情持续高涨，北京交通大学已成为接收相关留学生的重要基地。自1996年开始，学校已为蒙古国培养了400多名专业留学生。100名肯尼亚留学生通过四年本科专业学习，回国后直接服务蒙内铁路（蒙巴萨至内罗毕铁路，由中国帮助肯尼亚建设，于2017年通车运营）的运维。马来西亚政府公务员管理局全额资助300名本国学生来校完成本科双学位学习，以服务马来西亚东海岸铁路项目的建设与后期运营管理。

在留学生培养过程中，我发现除蒙古国留学生外，其他国家的留学生大都采用英文教学，由于欠缺专业中文方面的学习衔接，导致他们对中国铁路的学习和后续的继续教育存在不足。这些留学生虽然通过了中国的汉语水平（HSK）考试，但是对铁路专业词汇了解得还不够深入，急需在其进入专业学习阶段之前，对铁路的基本词汇有所理解和掌握。这也是我十年前萌生组织编写本套丛书的初衷。

语言是连接不同文化的纽带，希望来华留学生能借助《跟我学铁路系列丛书》等专业资料，源源不断地学习中国铁路的技术和管理并付诸实践，与中国铁路工业界保持紧密联系和合作，服务于各国的铁路事业。

本丛书主要作为交通土建类相关专业来华留学生的专用教材，同时适用于中国铁路“走出去”后本土化员工的培训和学习。为了更好地服务海外学员，我们还将与企业合作开发专业的应用程序（App），也计划通过版权合作、版权转让等方式，直接将本丛书推广到海外发行。

中国铁路技术的发展一日千里，铁路国际合作大踏步前行。我们深知本丛书还有一些不成熟和不完善的地方，希望读者或者使用教材的老师不吝赐教。让我们化知识为力量，助力中国铁路纵横四海，践行人类命运共同体理念，更好服务“一带一路”沿线各国人民。

北京交通大学　教授

井国庆

2023 年 4 月

前言

Foreword

铁路运输是现代化综合交通运输体系中的骨干，是国民经济发展的大动脉，在经济社会发展中发挥着重要作用。近年来，我国的重载、高速和城际铁路运输快速发展，铁道机车车辆（railway locomotive and vehicle）技术水平也不断提高，在车辆设计、制造、安全控制、服务技术等方面都取得了明显进步，机车车辆的安全性和可靠性得到了全面提升。

随着“一带一路”建设的推进，中国铁路在海外的影响力持续增长，外国留学生赴华研修的需求也越来越旺盛，而针对留学生的专业教材匮乏，本书作为《跟我学铁路系列丛书》之一，是专门面向外国留学生赴华研修车辆工程专业编写的教材，也可作为“一带一路”项目所在国工程师的培训教材。

本书内容丰富新颖，信息量大，聚焦我国铁路运输中的机车、货车、客车、工程车和新型城市轨道交通车辆等机车车辆，涵盖基本结构、专业术语、车辆动力学评价和结构强度评价等知识。全书共分为十一章，分别介绍铁道车辆基本知识、机车、货车车辆、客车车辆、工程车辆、新型城市轨道交通车辆、转向架、制动系统、车钩缓冲装置、铁道车辆动力学评价、铁道车辆结构强度评价。

本书由石家庄铁道大学路永婕、王晨和北京交通大学刘晓芳担任主编，太原中车时代轨道工程机械有限公司朱博文和王靖平、大连交通大学靳世英等对本书提供了许多宝贵的意见，王桐桐、商祥志、王洪伟、王炎、张琳傲和杨晨旭同学协助进行了资料收集和书稿整理工作，在此一并表示感谢。在本书编写过程中，编者参考了大量图书和论文，在此向这些文献的作者致以诚挚的谢意。

由于本书涉及的内容较多，书中难免存在疏漏和不足之处，欢迎专家和读者批评指正。

编　者

2023 年 4 月

目 录

Contents

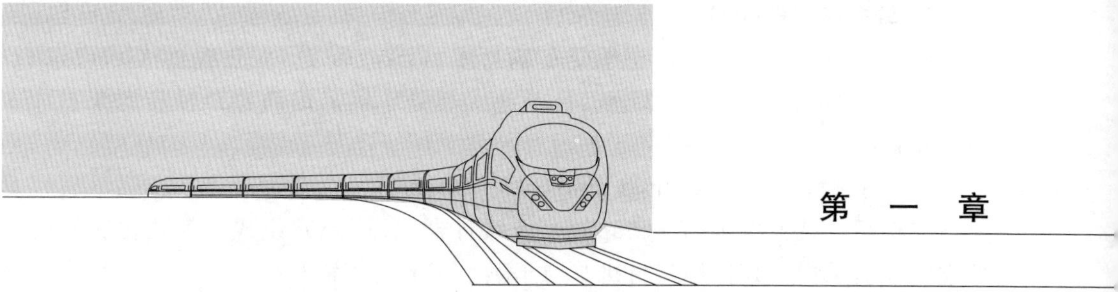

第　一　章

铁道车辆基本知识

Basic Knowledge of Railway Vehicles

第一节　铁道车辆的组成及分类
(Composition and Classification of Railway Vehicles)

一、车辆的组成部分（Vehicle Components）

铁道车辆类型较多，构造各不相同，但从结构分析，一般由底架（underframe）及车体（car body）、转向架（又称走行部，bogie）、车钩缓冲装置（coupler and buffer device）、制动装置（braking equipment）和车内设备（interior equipment）五部分组成。车辆基本构造示意如图 1-1 所示。

图 1-1　车辆基本构造示意图

1. 底架及车体（Underframe and Car Body）

底架是车体的基础，由各种横向梁（transverse beam）和纵向梁（longitudinal beam）组成。车体是容纳旅客或货物的部分，固定安装在底架上，车体与底架通常为一个整体，即车体、底架共同承载各方向载荷，底架支承在转向架上。

2. 转向架（Bogie）

转向架设在底架下部，是承受车辆自重（tare weight）和载重（loading capacity）并在钢轨上行驶的部分。目前绝大部分车辆采用两台二轴转向架（two-axle bogies）。

3. 车钩缓冲装置（Coupler and Buffer Device）

车钩缓冲装置由车钩（coupler）及缓冲器（buffer）组成，安装在底架前后两端的牵引梁内。其作用是将机车与车辆、车辆与车辆互相连挂在一起组成一趟列车，并传递牵引力（traction force）、制动力（braking force）、缓和各车之间的纵向冲击力。

4. 制动装置（Braking Equipment）

制动装置由制动机、基础制动装置（basic braking device）等组成。其作用是使处于移动中的车辆、列车减速或停车，它是列车安全运行的重要保证。

5. 车内设备（Interior Equipment）

在客车内，为了给旅客提供舒适的生活条件，安装有给水、取暖、通风、照明以及灭火器等设备；在货车内，根据货车的用途安装有关设备，如冷藏车、保温车车内安装降温、加温等设备。

二、铁道车辆的分类（Classification of Railway Vehicles）

1. 按用途分类

（1）铁路客车（railway passenger vehicle）

铁路客车是指运载旅客的车辆、为旅客提供服务的车辆及连挂在旅客列车中做其他用途的车辆。铁路客车分为旅客运送车辆、旅客服务车辆和特种用途车辆。

①旅客运送车辆：旅客运送车辆包括硬座车、软座车、硬卧车和软卧车等。

②旅客服务车辆：旅客服务车辆包括餐车、空调发电车和行李车等。

③特种用途车辆：特种用途车辆包括邮政车、公务车、医务车、检测车、维修车等。

（2）货车（wagon）

货车主要是用于运送货物并编组运行的车辆。由于货物的类型千差万别，因此需要多种多样的货车来运送它们。

①通用货车（general-purpose wagon）：敞车、棚车和平车属于通用货车。通用货车可以装的货物类型较多，在货车中占比较大。

敞车（open-top wagon / gondola car）：敞车通常用于装载散料货物，车体两侧及端部均设有 0.8m 以上的固定墙板，无车顶。

棚车（covered wagon）：棚车通常用于运送怕日晒、雨淋、雪侵的货物，车体设有车顶、侧墙、端墙、车门，有些棚车还设有车窗。

平车（flat wagon）：平车主要用于运送体积或质量较大的货物，也可借助集装箱运送其他货物。平车还能适应国防需要，装载各种军用装备。平车底架的承载面为一个平面，通常其两侧设有柱插。

②专用货车（special-purpose wagon）：罐车、保温车、煤车等十多种车属于专用货车，它们只能运输一种或很少几种货物。

罐车（tank wagon）：罐车设有圆筒形罐体，是专用于装载液体、液化气体或粉状货物的车辆。

保温车（insulated wagon）：保温车的车体设有隔热材料（heat-proof material），车内设有降温设备和加温设备，专用于冷链运输和保温运输。

矿石车（ore wagon）：矿石车的车体有固定的侧墙、端墙和卸货用的特殊车门。

长大货物车（heavy duty wagon）：长大货物车是指用于装运特别笨重或庞大货物的铁路货车，如用于装运重型机器、涡轮发电机、大型变压器的钳夹车和落下孔车等。长大货物车的车体长度在 19m 以上，无墙板，载重在 70t 以上。

水泥车（cement wagon）：水泥车的车体为圆柱形罐体，上部有用于装入水泥的舱孔（hole），下部有漏斗式（funnel-shaped）底开门。

漏斗车（hopper wagon）：漏斗车主要用于装运石碴、水泥、煤炭、粮食等散粒货物，分为有盖漏斗车和无盖漏斗车两种。为使货物依靠自重下滑卸出，车体内均设有与水平方向呈一定倾角的漏斗板，卸货门设在车体底部或侧部。

集装箱车（container wagon）：集装箱车是车体上设有固定集装箱（container）的设备、用于装运集装箱的车辆。

毒品车（poison wagon）：毒品车是专供运送有毒物品的车辆，如运输农药的车辆等。

③特种货车（special-purpose wagon）：用于铁路运输中特定用途的车辆。这些车辆通常具有特殊的设计和装备，以满足特殊的铁路运输需求。在使用中可以是单辆车，或是由若干车辆组成的车列，车辆类型有检衡车、除雪车、救援车、试验车、检查车等。

救援车（relief vehicle）：救援车用于排除线路障碍物及修复线路故障，一般编成的救援列车中包括起重吊车、修复线路材料车、工具车、发电车和救援人员的食宿车。

检衡车（track scale test vehicle）：检衡车用于检定轨道衡（大型专用地秤）的性能。检衡车设有砝码或同时设有操作机器，检衡车分为 30t、40t、50t 等类型。

除雪车（sweeper vehicle）：除雪车主要用于清除铁道上的积雪，该车头部设有镂犁式（hollow plow）除雪板，尾部与机车连挂，以机车为动力前进。

2. 按轴数（Number of Axle）分类

为了方便对客运车辆和货运车辆的运用与管理，需要在车辆的指定部位涂刷车辆标记。车辆标记是用于标明车辆配属、车种、车型、用途、编号、主要参数、方向、位置等的文字、数字和符号。为便于识别并合理使用车辆，凡我国铁路总公司所属车辆涂刷的标记，称为共同标记（common mark）；因车辆设有特殊设备或有其他要求而涂刷的标记，称为特殊标记（special mark）。厂矿专用车的标记可由厂矿自定，其中部分标记与铁路标记不同。

第二节　铁道车辆基本术语
(Basic Terminology of Railway Vehicles)

一、轴列式（Axle Arrangement）

轴列式是指用数字或字母表示机车走行部结构特点的一种方法。我国原采用数字表示，现除蒸汽机车（steam locomotive）外，已改用字母表示。A、B、C分别表示一根轴、二根轴和三根轴，“+”表示两转向架间有活节连接，“－”表示两转向架相互独立，无活节连接。

例如，某蒸汽机车的轴式为 1-5-1，依次表示导轴数-动轴数-从轴数，若无从轴，则为 1-5-0。现转向架式机车轴列式表示法用英文字母表示动轴数，如 A 为 1 根动轴、B 为 2 根动轴、C 为 3 根动轴、D 为 4 根动轴；用数字表示无动力的轴数。例如 C0-C0 表示机车有两个三轴转向架装在同一个底架上，注脚“0”表示每个转向架内三根动轴各用电动机单独驱动。轴列式 B0-B0-B0 表示三个二轴转向架装在同一底架上，每根动轴都由电动机单独驱动（individual drive）。B-B 表示机车有两个二轴转向架，转向架内的两根轴是成组驱动（group drive）的，通常为液力传动机车。该轴列式的转向架一般采用车轴齿轮箱驱动。转向架式机车车辆结构示意图如图 1-2 所示。

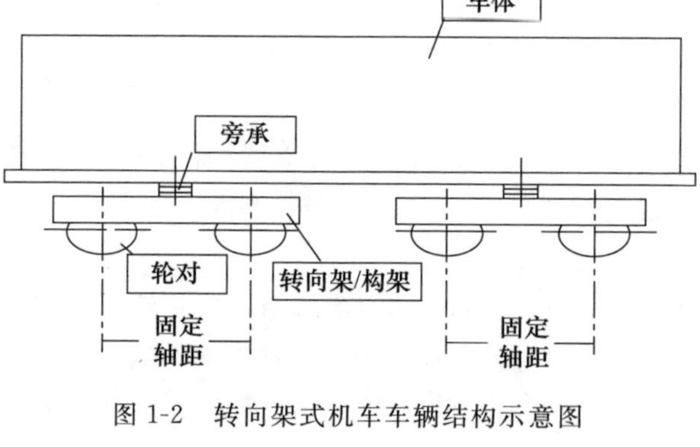

图 1-2　转向架式机车车辆结构示意图

二、构造速度（Design Speed）

构造速度是指设计车辆时按安全及结构强度等条件所允许的车辆最高行驶

速度。在线路和其他车外条件允许的情况下，车辆在不造成各部件超负荷运转（overloading operation）、对各部件无严重冲击条件下可运行的最高速度就是构造速度。构造速度与线路及其他车外因素没有任何关系，主要与车辆的结构（structure）和制动装置（braking equipment）等整车性质有关，是衡量车辆性能的一项重要指标。当车速超过构造速度时，车辆自身的结构部件就会受到较强的磨损，超出安全界限。

三、轴重（Axle Load）

轴重也叫轴荷，轴重是指每根车轴包括轮对自身在内允许分摊的最大总质量。如某型机车质量为 132t，该车采用两个三轴转向架，共计 6 根车轴，轴重就是 132 除以 6 等于 22t。如某型铁路货车采用两个二轴转向架，共计 4 根轴，空载工况下整车质量为 20t，满载工况下整车质量为 100t，此时应以满载工况作为轴重计算依据，100 除以 4 等于 25t。轴重的选择与线路、桥梁及车辆走行部的设计标准有关。

四、轴距（Axle Load）

轴距分为转向架轴距和全轴距。一般情况下，如无特殊注明，各技术文件中的轴距为转向架轴距，即一个转向架的前、后两根车轴的中心距。全轴距即最前一个车轴到最后一个车轴的中心距。

五、定距（Length Between Bogie Center）

定距是指车体支承在前后两走行部之间的距离（对于带转向架的车辆，定距为整车前后转向架中心之间的距离，又可称“转向架中心距”）。

六、簧上质量（Suspended Weight）

簧上质量是指位于转向架弹簧装置以上部分的车辆质量（两系悬挂时，指一系弹簧以上的质量）。

七、簧下质量（Non-suspended Weight）

簧下质量是指位于转向架弹簧装置以下部分的车辆质量（两系悬挂时，指一系弹簧以下的质量）。

八、踏面（Wheel Tread）

踏面是指车轮与钢轨顶面（rail pit surface）的接触部分。为使轮对在钢轨上平稳运行，顺利通过曲线，降低车轮磨耗，延长镟轮公里数，踏面应有合理的外形。踏面主要有锥形（taper）踏面（1∶20）和磨耗型（wear type）踏面两种。

九、制动距离（Braking Distance）

制动距离是指车辆处于某一时速的情况下，从开始制动到完全静止时车辆所驶过的路程。制动距离是衡量整车制动性能（braking performance）的关键性参数之一。制动距离一般包括制动空走距离和制动有效距离。

十、紧急制动距离（Emergency Braking Distance）

紧急制动距离是指车辆在行驶过程中遇到紧急情况时，驾驶者迅速、正确地实施制动，将车辆停住的最短距离。

十一、型式试验（Type Test）

对车辆的基本参数、结构、性能等是否符合设计及标准要求所做的全面检查和考核试验。

十二、出厂检验（Routine Test）

对批量生产的每辆车，为检验其外观、结构、性能等是否与产品技术要求相符所做的检查和试验。

第三节　铁道车辆主要技术参数
(Main Technical Parameters of Railway Vehicles)

铁道车辆主要技术参数是概括车辆性能（vehicle performance）和结构特点（structural features）的一种指标，一般包括性能参数和主要尺寸参数。本节以货车为例进行介绍。

1. 性能参数

货车车辆的性能参数主要包括自重（tare weight）、载重（loading capacity）和容积（capacity），除此之外还有自重系数（ratio of tare weight to loading capacity）、比容系数（specific volume）、构造速度（design speed）、轴重（axle load）、每延米重（load per meter of track）等。

（1）自重：空车时的车辆自身质量，以吨（t）为单位。

（2）载重：车辆标记中所注明的允许装运货物或旅客和行李包裹的允许质量（包括整备质量和乘务人员的质量），以吨（t）为单位。

（3）容积：货车（平车、集装箱车除外）、行李车、邮政车可容纳货物的体积，一般以立方米（m^3）为计量单位。

（4）自重系数：货车自重系数是货车自重与其额定载重之比；客车自重系数是客车自重与其定员数之比。车辆自重是列车质量中无运输效益的部分，设计时应力求减轻，以提高运用效率。在保证强度、刚度和使用寿命的条件下，车辆自重系数越小，运输就越经济，它是衡量车辆设计合理性的一个重要指标。

（5）比容系数：指设计容积（m^3）与额定载重（t）的比值。它可以衡量车辆装运某种货物时是否合理地利用了它的载重和容积，如果所装货物的比容系数与车辆比容系数一样，则能充分利用车辆的载重及容积。我国敞车的比容系数一般取为 $1.15m^3/t$（主要是以运煤为确定依据），棚车的比容系数取为 $2m^3/t$。

(6) 每延米重：车辆总质量（t）与车辆全长（m）之比值。该值越大，则同样列车长度情况下的列车总重越大。车辆每延米重的大小受线路和桥梁强度的限制，根据中国铁路线路和桥梁设计标准规定，车辆每延米重的最大值为 8t/m。

2. 主要尺寸参数

(1) 车辆长度（length of vehicle）：车辆不受纵向外力影响且车辆两端两个车钩均处于闭锁位置（locked position of coupler）时，两钩舌（coupler knuckle）内侧面之间的距离。

(2) 车辆宽度（width of vehicle）：车辆宽度是指车辆两侧的最外凸出部位之间的水平距离（horizontal distance）。

(3) 车辆高度（height of vehicle）：空车时，车体（或罐体）上部外表面至轨面的垂直距离（vertical distance）。

(4) 车体内部参数

车体内长（inside length of car body）：车体两端墙板内表面间的水平距离。

车体内宽（inside width of car body）：车体两侧墙板内表面（internal surface）间的水平距离。

车体内侧面高（inside height of car body）：由地板上平面至侧墙上侧梁（side sill）间的垂直距离。

车体内中心高（height inside from floor to roof center）：由地板上平面至车顶中央部位内表面间的垂直距离。

(5) 地板面高度（height of floor from rail top）：地板面高度是指空车时底架地板（或木地板）上表面至轨面的垂直距离（不包括木地板覆盖物的厚度）。通用货车车辆的地板面高度应与高站台高度相适应，以便于装卸货物。

(6) 车钩中心线高度（height of coupler center from rail top）：空车时，车钩钩舌端面（外侧面）的中心线至轨面的垂直距离；密接式车钩为凸锥中心至轨面的垂直距离。可简称为“车钩高”。

Word 专业词汇汉英对照（Glossary）

专业词汇	拼音	英文
自重	zìzhòng	tare weight
自重系数	zìzhòng xìshù	ratio of tare weight to loading capacity
比容系数	bǐróng xìshù	specific volume

续表

专业词汇	拼音	英文
构造速度	gòuzào sùdù	design speed
载重	zàizhòng	loading capacity
容积	róngjī	capacity
轴重	zhóuzhòng	axle load
车钩缓冲装置	chēgōu huǎnchōng zhuāngzhì	coupler and buffer device
制动装置	zhìdòng zhuāngzhì	braking equipment
车内设备	chē'nèi shèbèi	interior equipment
底架及车体	dǐjià jí chētǐ	underframe and car body
车体内长	chētǐ nèicháng	inside length of car body
车体内宽	chētǐ nèikuān	inside width of car body
车体内侧面高	chētǐ nèicèmiàn gāo	inside heigth of car body
定距	dìngjù	length between bogie center
簧上质量	huángshàng zhìliàng	suspended weight
簧下质量	huángxià zhìliàng	non-suspended weight
踏面	tàmiàn	wheel tread
型式试验	xíngshì shìyàn	type test
轴列式	zhóulièshì	axle arrangement

思 考 题（Questions）

（1）客、货车辆按用途不同可分为哪几类？各种客、货车辆的用途及特点是什么？

（2）铁道车辆基本术语有哪些？其术语含义是什么？

（3）车辆有哪些技术指标？各种指标的意义是什么？

拓展阅读（Extensive Reading）

渐行渐远的蒸汽火车头

中华人民共和国成立前，山西境内只有两条铁路。据史料记载，一条是法国人于1907年建成的正太（河北正定—山西太原）铁路，一条是由阎锡山筹款于1933年修建的同蒲铁路。建成正太铁路前的1906年，法国人在太原城原首义门，即正太路太原站北侧，今五一广场东南处，开始兴建蒸汽机车洗修库，定名为太原车房，标志着山西将出现蒸汽火车头。自此，从1907年到2018年的百余年来，山西铁路的火车头经历了蒸汽机车、内燃机车、电力机车、动车组列车的更新换代。

正太铁路初建成时，只修到石家庄，是窄轨。1933年由法国人交给中国，于1940年才改为标准轨。初建成的同蒲窄轨铁路，北端也未修到大同，修至韩家岭十里河南岸，南端则与黄河相隔，所以形成山西窄轨铁路“死胡同”的历史。1940年北同蒲铁路由窄轨改为标准轨，正太铁路改名为石（石家庄）太（太原）线，南同蒲铁路窄轨拓宽工程也于1956年1月28日完工。到1958年，连接南同蒲线和陇海线的潼关黄河便桥建成通车，标志着结束了山西窄轨铁路“死胡同”的历史。

“火车跑得快，全靠车头带。”火车头的更新换代标志着铁路设备的现代化进程。中华人民共和国成立后，山西铁路主要使用的是德国、日本生产的蒸汽机车，如日本产的斯洛5型机车，担当石太线、北同蒲线的客货列车牵引任务，牵引吨位仅有500余吨，运行速度30km/h。进入1960年后，国产建设型蒸汽机车投入运用，逐步取代了莫克6等型号的外国机车。1971年国产前进型蒸汽机车投入运用，因此以前使用的KT5等外国机车全部被淘汰。到了1984年，迈开了由蒸汽机车向内燃机车过渡的步伐，先后有了东方红、东风4和东风7等机型。1982年9月27日，石太线阳泉站至太原北站间双线电气化改造工程竣工，开启了使用电力机车牵引的新纪元，先后使用了国产韶山SS1、韶山SS4型和从苏联引进的8G型机车。进入21世纪后，大秦重载货运专线铁路上奔驰的和谐D1、D2型国产大功率电力机车，牵引运煤载重量分别达到了1万吨、2万吨。值得记录的是1992年4月，北京铁路局下辖的山西境内太原、大同、临汾3个铁路分局中，太原铁路分局管内正线率先全部更换为内燃和电力机车，从此结束了蒸汽机车牵引客货车85年（从1907年算起）的历史。历史定格在1999年9月26日，这一天，山西省境内国铁最后一台前进型3131号蒸汽机车从太原北机务段“光荣”退役。在这前后，取而代之的是进口和国产内燃、电力机车，行驶速度更快，牵引吨位更大，这是伴着改革开放春风中国铁路前行的巨变。

而今，时光如梭，老蒸汽火车头早已从众人的视线中消失，有不少上了年岁的人却很想听到那略显狂躁的轰鸣声，看到那比人高的红色动轮由拉杆推动着前行，便会感受到中国铁路工人勇敢前行的动力所在。

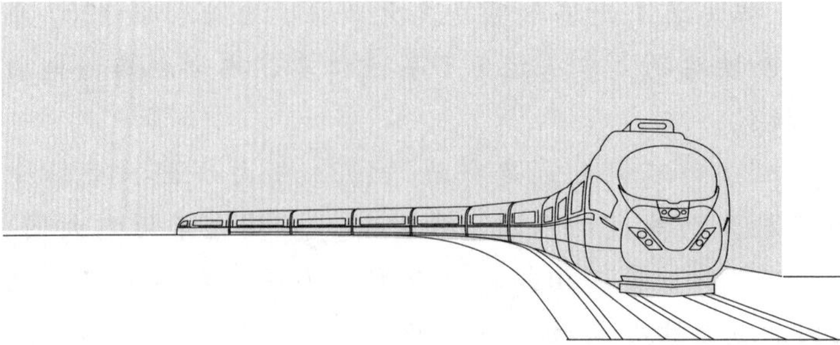

第 二 章

机 车

Locomotive

铁道机车车辆（railway locomotive and vehicle）是铁路中用来装运货物、运送旅客（passenger）或作其他特殊用途的运载工具。车辆一般本身没有动力装置（power plant），只有将各车辆连挂起来并在机车（locomotive）的牵引（traction）下，才能在线路（track）上运行。在我国铁路系统中机车是指牵引或推送铁道车辆运行，本身不装载货物或不载客的自推进车辆。机车按牵引动力方式分为蒸汽机车（steam locomotive）、内燃机车（diesel locomotive）、电力机车（electric locomotive）三大类。机车车辆按用途不同，又可分为客运机车（passenger locomotive）、货运机车（freight locomotive）、客货通用机车（或通用机车）（general locomotive）、调车机车（shunting locomotive）和工矿机车（industrial and mining locomotive）五类。

第一节　客运机车（Passenger Locomotive）

客运机车是牵引旅客车辆的机车。与货运机车（freight locomotive）相比较，客运机车的牵引力（traction force）要小一些，但是需要有较高的运行速度和启动加速度，并能长距离运行。这是因为客车的编组（train formation）较少，一般少于 20 节，载重量（loading capacity）也比货车小得多，没有必要“大马拉小车”造成浪费。对客运机车的基本要求是，能高速（high-speed）运行、平稳通过曲线（curve）。

蒸汽客运机车曾经是我国铁路运输的主力，为社会主义建设初期铁路运输的发展做出了不可磨灭的贡献。但随着牵引动力的更新换代，蒸汽机车逐步退出了历史舞台。

蒸汽客运机车（steam passenger locomotive）主要型号为：人民（RM）型蒸汽机车、胜利（SL）型蒸汽机车、前进（QJ）型蒸汽机车，图 2-1 为人民型蒸汽机车。

图 2-1 人民型蒸汽机车

内燃客运机车（diesel passenger locomotive）的型号众多，下面主要介绍 DF 系列内燃客运机车和 HXN 系列内燃客运机车。

DF 系列内燃客运机车：东风 4B（DF4B）型内燃机车、东风 4C（DF4C）型内燃机车、东风 4D（DF4D）型内燃机车、东风 11（DF11）型内燃机车、东风 11G（DF11G）型内燃机车。

DF11 型内燃机车（图 2-2）由戚墅堰机车车辆厂设计制造，是为广深准高速铁路开行时速 160 千米级别准高速旅客列车而研制的新型准高速干线客运用柴油机车，并成为中国铁路第四次大提速的主力机车。

图 2-2 DF11 型内燃机车

DF11G 型内燃机车（图 2-3）是固定重联型准高速柴油机车，由戚墅堰机车车辆厂为中国铁路第五次大提速而专门研制，能够满足单司机值乘、长交路连续运行的应用条件，并具有向客车供电功能，通常用于牵引直达列车和非电气化区段的直供电客车。

图 2-3　DF11G 型内燃机车

HXN 系列内燃客运机车：HXN3K 型内燃机车、HXN5 型内燃机车、HXN5K 型内燃机车、HXN5 型 2000 系（双司机室）内燃机车。

HXN5 型内燃机车（图 2-4）是中国铁路的干线客、货运柴油机车车种之一。这款机车使用交流传动，由美国通用电气（GE）研制，通过技术转让的方式，由戚墅堰机车车辆厂制造。HXN5 型 2000 系（双司机室）内燃机车是戚墅堰机车车辆厂于 2013 年开始在 HXN5 型机车的基础上进行改进，机车增加了一个司机室，并改进转向架部分结构。

图 2-4　HXN5 型内燃机车

电力客运机车（electric passenger locomotive）主要型号为：韶山 1（SS1）型电力机车（第一代国产电力机车，客货两用）、韶山 6B（SS6B）型电力机车（客货两用）、韶山 7C（SS7C）型电力机车、韶山 7D（SS7D）型电力机车、韶山 7E（SS7E）型电力机车、韶山 8（SS8）型电力机车、韶山 9（SS9）型电力机车、韶山 9 改进型电力机车、和谐电 3（HXD3）型电力机车（客货两用）、和谐电 3C（HXD3C）型电力机车、和谐电 3D（HXD3D）型电力机车、复兴电 1（FXD1）型电力机车、复兴电 3（FXD3）型电力机车。

SS9 型电力机车（图 2-5）是依据原铁道部科技研究开发项目要求而设计的 6 轴干线电力机车，它用于牵引 160km/h 准高速旅客列车。其研制目的是加大机车功率，提高牵引力，以满足具有较大坡度线路的旅客列车提速的需要。该车型是韶山型电力机车系列最后一款产品，在研制过程中坚持了简统化、标准化、系列化的原则。

图 2-5　SS9 型电力机车

HXD3D 型电力机车（图 2-6）是交流电传动六轴干线准高速客运电力机车，由中车大连机车车辆有限公司研发及生产。HXD3D 型电力机车可缓解全路准高速机车运用的紧张状况，填补了交流传动大功率机车在准高速范围内实际运用的空白。

图 2-6　HXD3D 型电力机车

FXD3 型（原型号 HXD3G）（图 2-7）电力机车是大连机车车辆有限公司于 2015 年在既有的和谐系列机车基础上研制出的 8 轴交流传动大功率干线准高速电力机车，后被用作 CR200J 型动车组的动力车。

图 2-7　FXD3 型（原型号 HXD3G）电力机车

第二节　货运机车（Freight Locomotive）

货运机车是专门用于牵引货物列车（freight train）的机车，必须有相当大的牵引力，但运行速度不必很高。我国除了重载列车外，一般的货运列车编组（freight formation）为 60 节，载重量（loading capacity）约为 3500t；目前，我国在大秦线、朔黄线、瓦日线、浩吉线等线路开行的货运万吨列车，整列车长度约 2.6km。货运机车具有较大的牵引力（traction force）和黏着重量（adhesive weight）。

内燃货运机车的主要型号有：东风 4 系列（DF4B/C/D）型内燃机车、东风 8（DF8）型内燃机车、DF8B 型内燃机车（包括雪域神舟型高原机车）、东风 21（DF21）型米轨内燃机车、和谐内 3（HXN3）型内燃机车（包括高原型）、和谐内 5（HXN5）型内燃机车。

电力货运机车的主要型号有：韶山 3B（SS3B）型电力机车、韶山 4 型电力机车（SS4，包括改进型）、SS6B 型电力机车、SS7 型电力机车、HXD1 型电力机车、HXD1B 型电力机车、HXD1C 型电力机车（包括高原型）、HXD2 型电力机车、HXD2B 型电力机车、HXD2C 型电力机车、HXD3 型电力机车、HXD3B 型电力机车、HXD3C 型电力机车（客货通用）。

韶山 4 改进型电力机车（图 2-8），代号 SS4G。是在 SS4、SS5 和 SS6 型电力机车的基础上，吸收了 8K 机车一些先进技术设计的。机车由固定重联的 A、B 两节车组成，每一节车均为完整的系统。

图 2-8 韶山 4 改进型电力机车

HXD3B 型电力机车（图 2-9）是大功率交流电传动 6 轴干线货运电力机车，由大连机车车辆有限公司与加拿大庞巴迪公司联合研制，单机总功率 9600kW，最高运行速度为 120km/h。

图 2-9 HXD3B 型电力机车

第三节 调车机车（Shunting Locomotive）

调车机车是指用于列车编组、解体、转线及车辆取送等调车作业的机车。调车机车是调车工作的基本动力，在技术上要求与一般牵引列车的本务机车有所不同。由于需要在短距离内启动牵引或推送车组，故不需要较高的构造速度，但需要一定的牵引力；由于需要经常前进或后退，故要求有良好的瞭望条件；由于主要在站内作业，需要通过较小半径的曲线，故要求机车的轴距要小；由于经常需要启动、停车，故要求机车操纵灵活，制动性能良好；由于经常在夜间作业，头尾灯照明要求亮度好；此外，还要求调车人员方便、安全上下车等。

调车机车的主要型号有：DF4D 型内燃机车、东风 5（DF5）型内燃机车、东风 7（DF7）型内燃机车、东风 7C（DF7C）型内燃机车、东风 10D（DF10D）型内燃机车、东风 12（DF12）型内燃机车、HXN3B 型内燃机车、HXN5B 型内燃机车。

DF7 型内燃机车（图 2-10），机车标称功率 1470kW，适用于大型枢纽编组站场调车及工矿小运转作业。DF7B 型内燃机车是北京二七机车厂生产的 DF7 型内燃机车系列产品的一种，柴油机装车功率 1840kW，适用于干线货运、大型枢纽、编组站场、工矿企业的调车和小运转作业，该机车能多机重联，机车双向操纵。

图 2-10　DF7 型内燃机车

DF12 型内燃机车（图 2-11），原称 GKD4 型，是由资阳机车厂研制而成的调车兼小运转用内燃机车，不但适用于大型编组站和工矿企业 5000t 级货列的调车和小运转作业，也可用于一般干线货运。

图 2-11　DF12 型内燃机车

HXN5B 型内燃机车（图 2-12）是由中车戚墅堰机车有限公司研制生产，是一款大功率交流传动调车内燃机车。它可以用于大中规模的站线编组作业，也可以用于干线客货运需求。

图 2-12 HXN5B 型内燃机车

常见的调车机车均为内燃机车，这是因为电力机车自身是靠外界来汲取电能的，如果用电力机车来调车，就必须保证每条线路都有接触网，投资较大。而调车机车需要机车运行机动灵活，启动、刹车的性能都要十分良好，必须要有较平稳的运转性能，能在各种场合进行编组作业。而电力机车受接触网限制较多，灵活度较差。所以，电力机车作为调车机车应用较少。

Word 专业词汇汉英对照（Glossary）

专业词汇	拼音	英文
铁道机车车辆	tiědào jīchē chēliàng	railway locomotive and vehicle
蒸汽机车	zhēngqì jīchē	steam locomotive
内燃机车	nèirán jīchē	diesel locomotive
电力机车	diànlì jīchē	electric locomotive
客运机车	kèyùn jīchē	passenger locomotive
货运机车	huòyùn jīchē	freight locomotive
客货通用机车	kèhuò tōngyòng jīchē	general locomotive
调车机车	diàochē jīchē	shunting locomotive
工矿机车	gōngkuàng jīchē	industrial and mining locomotive
牵引力	qiānyǐnlì	traction force
黏着重量	niánzhuó zhòngliàng	adhesive weight

思考题 (Questions)

(1) 机车的定义是什么?
(2) 举例说明客运机车分为哪几种类型?
(3) 什么是调车机车?需要满足哪些特点?

拓展阅读 (Extensive Reading)

中国机车发展史

一、蒸汽机车

早在1881年,在修筑唐胥运煤铁路时,为解决牵引煤车的难题,在李鸿章授意下,胥各庄修车厂(1884年改为唐山修车厂)英国工程师金达按照利用开矿的轻型卷扬机锅炉和蒸汽机做动力的构思设计了图纸,用煤矿井架的钢铁材料及购买的车钩,由该厂工人改装出第一台蒸汽机车,有两根车轴。开平矿务局英籍总工程师薄内的夫人,沿用英国斯蒂芬制造的第一台机车"火箭"号的名称,称该车为中国的"火箭"号。20世纪初期,在中国早期铁路兴建中,用于铁路牵引的蒸汽机车,或从国外整机购买,或从国外购买零部件在国内组装,形成中国铁路机车早期工业生产。1900年唐山修车厂(后改为中国北车集团唐山机车车辆厂)根据英国的机车设计图纸和购置的零部件开始装配MG(音莫古)34型机车,该车全长16.78m,总重46.84t,气缸直径453mm,动轮直径1346mm。1903年唐山修车厂仿制的MG3型蒸汽机车,被称为"自制机车之最老者"。截至1988年12月,前进型(和平型、反帝型)蒸汽机车共制造4714台,占全国蒸汽机车总产量的50%左右,配属18个铁路局100多个机务段和40余个路外单位。大同机车制造厂最高年产量达325台。1988年12月21日,大同机车制造厂制造的最后一台前进型7207号蒸汽机车出厂交付用户,宣告中国干线蒸汽机车生产的结束。1989年中国停止干线蒸汽机车生产后,作为调运和支线用蒸汽机车,唐山修车厂继续制造上游型蒸汽机车,直至1996年停止生产。

二、内燃机车

1956年铁道部根据中国铁路运输发展的需要,编制了《1956—1967年铁道科学技术发展远景规划》,提出在第一个五年内,开始研究电力机车及内燃机车;在第二个五年内,制造电力机车、内燃机车及燃气轮机车,研究燃气轮机车以固体燃料替代液体燃料。1958 年 8 月 31 日，北京长辛店机车车辆工厂（北京二七机车厂）试制出建设型直流电传动内燃机车。同年 9 月 22 日，四方机车车辆厂（后改为中车青岛四方车辆股份有限公司）试制出“东风”型液力传动内燃机车。同年 9 月 24 日，大连机车车辆厂试制出“巨龙”型内燃机车。从 1964—2012 年末，中国先后研制出了“长征”型燃气轮机车和“北京”型、“东风”系列、“和谐”系列内燃机车，为我国的铁路运输打下了坚实的基础。

三、电力机车

1958 年 12 月 28 日，第一台仿 H60 型 25kV 工频单相引燃管式电力机车在湘潭电机厂落成，机车命名为韶山型 1 号机车，又称 6Y1 型（6 表示六轴，Y 表示引燃管整流，1 表示车型系列序号）。1961 年 8 月 15 日，宝成线的宝鸡到凤州电气化区段正式通车，韶山型 1 号车投入运营。从 1960 年至今，中国先后引进了 6G、6K、8G、8K、DJ 系列电力机车，自主生产制造了“韶山”系列、“和谐”系列等电力机车，进入了以电力机车为主的新时期。

四、动车组

1978 年长春客车厂、铁道部株洲电力机车研究所、中国铁道科学研究院合作立项，进行 KDZ1 型交流电动车组的研发。1993—1999 年，由四方机车车辆厂和沈阳铁路局联合设计，四方机车车辆厂研制了 2 台“天安”号内燃公务动车，分别配属北京铁路局和沈阳铁路局，用于铁路事故处理指挥和巡视检查。1998—1999 年，唐山修车厂制造了 2 组“庐山号”双层内燃动车组。该车组由 2 辆双层动车和 2 辆双层拖车组成，采用动力集中式牵引方式，全车组定员 540 人，最高运行时速 120km。该车组在南昌至九江间运行。1998 年 12 月，四方机车车辆厂制造了“九江号”单层内燃动车组，为 6 辆车编组，两端各挂 1 辆动车，中间挂 4 辆拖车。该车组在南昌至九江、南昌至景德镇间运行。2006 年至今，我国通过引进消化吸收再创新的方式，陆续生产制造出了很多型号的动车组，如 CRH 系列和谐号、CR 系列复兴号、CR200J 动力集中型动车组等。时光荏苒，沧桑巨变。弹指一挥间，140 年的时光就过去了。140 多年来，铁路机车车辆工业随着中华人民共和国的成立而获得新生和振兴，随着社会主义建设事业的发展而逐步成长和壮大，随着改革开放的不断深化而迅速跨越和腾飞。回溯过去波澜壮阔的岁月，展望未来光辉灿烂的明天，我们感到任重而道远，前途无限。当前，我国经济进入高质量发展新时期，国家的发展还需要我们为之付出努力。

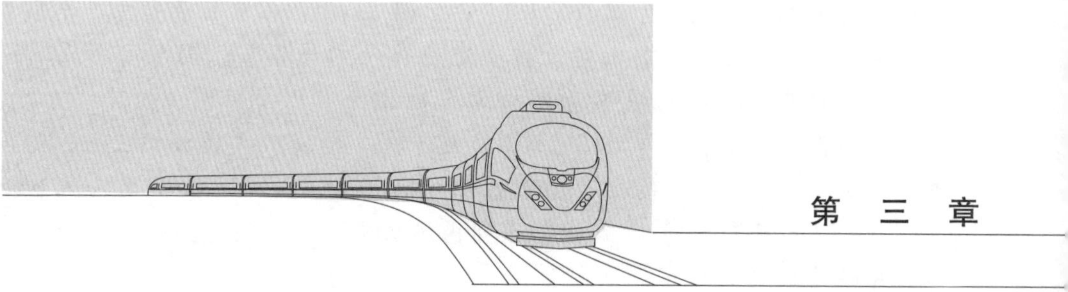

第　三　章

货车车辆

Wagon Vehicle

货车是指以运输货物为主要目的的铁道车辆，由车体、转向架、制动装置、车钩缓冲装置等部分组成。铁路运输货物的种类繁多，货车车辆的结构、数量、质量等对铁路运输能力的提高以及运输质量的保证起着重要作用。货车车体既要结实耐用，又要考虑到装、卸货物方便。不同类型的铁路车辆的用途不同，其结构形式也不相同。货车车体按照外观可分为敞车、罐车、棚车、平车、漏斗车、冷藏保温车及集装箱车等；按照制造材质可分为钢木混合结构、铝合金结构和全钢结构。

第一节　车体基本结构
(Fundamental Structure of Car Body)

车体是由若干纵、横向的梁和立柱组成钢骨架，再加上墙板、地板、顶板及需要的隔热材料、门窗等组成。其中，底架是车体的基础，承担着作用于车辆的各种垂向和纵向载荷。车体钢结构骨架如图 3-1 所示。车体应具有足够的强度和刚度。

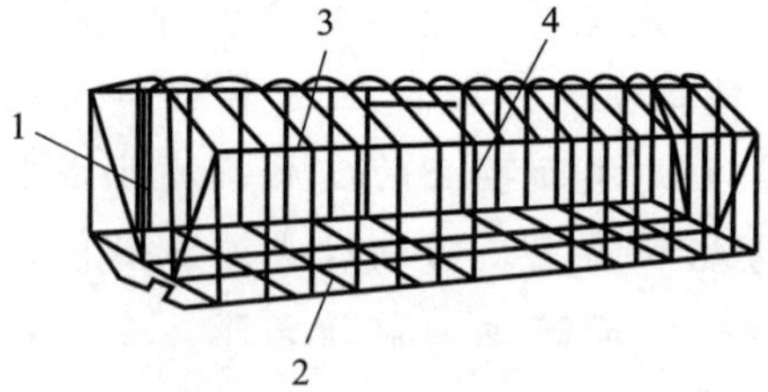

图 3-1　车体钢结构骨架

1—端墙；2—底架；3—车顶；4—侧墙

底架是车体的基础，车钩缓冲装置、制动装置都安装在底架上。底架承受着作用于车辆上的一切垂直方向载荷和纵向作用力，因此，底架要有足够的强度和刚度。货车底架由中梁、侧梁、枕梁、端梁、大横梁、小横梁及地板托梁等组成。货车底架的一般结构如图 3-2 所示。

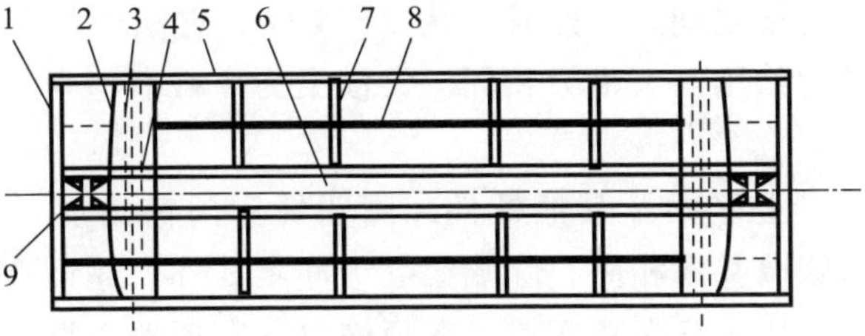

图 3-2 货车底架的一般结构

1—端梁；2—枕梁；3—上旁承；4—上心盘；5—侧梁；6—中梁；7—大横梁；8—地板托梁；9—从板座

一、中梁（Center Sill）

中梁在底架中部贯穿全车，它是底架的主梁和其他各梁的支承，因此，它是底架各梁中最主要的受力构件。有的底架中梁只通到两枕梁，称为非贯通式中梁。中梁由两根槽钢或工字钢、乙型钢加上下盖板组成。在中梁的两端铆有前、后从板座，以便安装车钩缓冲装置。中梁两端安装车钩缓冲装置的部分称为中梁的牵引部分。非贯通式中梁的底架以及无中梁的车辆（部分罐车、水泥车），其安装车钩缓冲装置的部分称为牵引梁。

二、侧梁（Side Sill）

侧梁又称边梁，位于底架两侧，与枕梁及各横梁连接，是底架的主要构件之一，除用于直接安装侧墙和承受部分垂直载荷外，还要承受侧向作用力（如向心力、侧向压力等）。侧梁一般采用槽钢制成，槽口向内，便于和底架各横向梁连接，其外侧又可方便地铆装侧门搭扣座、脚蹬、柱插和绳栓等附件。

三、枕梁（Sleeper Beam）

枕梁承受垂直载荷，它将底架承受的载荷通过心盘传给转向架的横梁。两根枕梁设在两端梁的内侧，由于受力较大，一般用钢板制成变截面等强度鱼腹形结构。在枕梁下部中央设上心盘，在转向架中央设置下心盘，当上心盘嵌入下心盘时，车体及底架便支撑在转向架上。此时，既能把底架承受的载荷通过上、下心盘传给转向架，也有利于车辆转向。在枕梁下部两端，各设一个上旁承，与转向架上的下旁承相对。

四、端梁（End Sill）

底架两端的横向梁称为端梁，它与中、侧梁连接，其上安装端墙。端梁中部开有钩口，钩口外面铆有冲击座，以承受车钩钩头的冲击，保护端梁。在端梁的外部焊有车钩提杆座，以便安装车钩提杆；在一位端梁外部焊有手制动轴托，以便安装手制动机。

五、大、小横梁（Cross Beam）

大横梁设在两枕梁之间，一般货车为 2～4 根。它承受部分载荷，并将载荷传给中梁。小横梁的作用与大横梁相同。大横梁为变截面等强度Ⅰ型结构，小横梁为等截面结构。

侧墙由侧立柱、上侧梁及其他杆件、侧墙板和门窗组成，侧墙安装在底架上。端墙的结构与侧墙基本相同，除端梁（缓冲梁）外，还设有角柱、端立柱和端墙板等。车顶的结构包括车顶弯梁、车顶横梁、车顶端弯梁及车顶板等。车辆大多采用钢墙板与梁、柱结合为一体的全钢焊接结构。

第二节　敞车（Open-top Wagon）

敞车具有很大的通用性，在货车组成中数量最多，可在货物上面临时蒙盖防水帆布（waterproof canvas）或其他遮篷物，防止货物被雨水淋湿。中国目前共有敞车约 30 万辆，占货车总数的 60%左右，主要用于运送煤炭、矿石、建材物资、木材、钢材等大型货物，也可用来运送质量不大的机械设备。

敞车按卸货方式不同可以分为通用敞车和专用敞车两类。通用敞车适用于人工或机械装卸作业。我国通用敞车见表 3-1。

表 3-1　通用敞车

敞车系列型号	轴重（t）	载重（t）
C_{62}	21	62
C_{64}	21	64
C_{70}	23	70
C_{80}	27	80

专用敞车是用翻车机卸货的敞车，适用于大型工矿企业、站场、码头之间成列固定编组运输。我国专用敞车见表 3-2。

表 3-2　专用敞车

敞车系列型号	轴重（t）
C_{16}系列低边敞车、C_{63}/C_{63A}型敞车、$C_{100A(H)}$型三支点敞车	21
C_{70A}型运煤专用敞车和C_{70C}型专用焦炭车	23
C_{76}系列敞车，$C_{80(H)}$、$C_{80B(H)}$系列敞车	25
$C_{96(H)}$系列敞车，$C_{96(H)}$型运煤专用敞车	30

下面分别介绍 C_{64} 型和 C_{80} 型两种典型敞车。

一、C_{64}型敞车（C_{64} Type Open-top Wagon）

C_{64}型敞车采用全钢焊接结构，车辆载重量为61t，比容系数（specific volume）1.2m^3/t，每延米轨道载重量（load per meter of track）6.2t/m，能适合翻车机卸货的要求。图3-3是C_{64}型敞车结构组成，其车底由底架（underframe）、侧墙（side wall）、端墙（end wall）等部件组成，端墙、侧墙与底架焊接在一起。车体选用低合金耐候钢（corten low alloy steel）焊接而成。

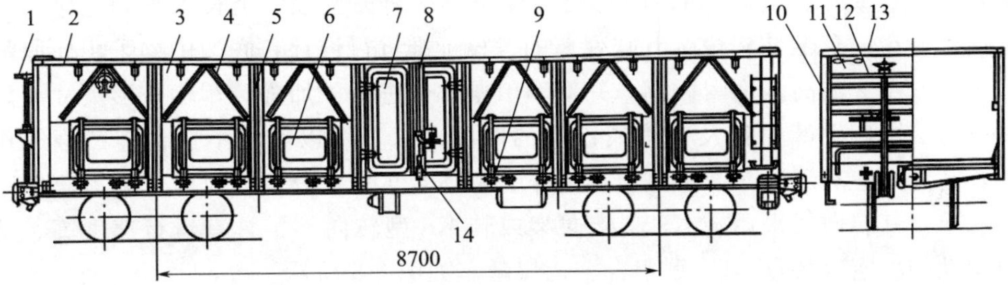

图3-3 C_{64}型敞车结构组成

1—手制动机；2—上侧梁；3—侧墙；4—斜撑；5—侧柱；6—下侧门；7—侧门；8—上门锁；9—下侧门搭扣；10—角柱；11—端墙；12—横带；13—上端梁；14—下门锁

C_{64}型敞车侧墙为板柱式侧壁承载结构，由上侧梁、侧柱、侧板、斜撑、侧柱连铁、侧门、内补强座和侧柱补强板组焊而成。两侧柱间设人字形斜撑，侧墙下半部由侧柱、连铁和侧梁组成刚性框架，中间开设门孔。全车设置12扇下侧门及2扇对开式中侧开门，侧开门采用带有压紧机构的新型门锁装置。C_{64}型敞车如图3-4所示。

图3-4 C_{64}型敞车

根据搭载的转向架类型不同，C_{64}系列敞车还可细分为C_{64T}型（转 8AG 型转向架）、C_{64K}型（转 K2 型转向架）和C_{64H}型（转 K4 型转向架）。

二、C_{80}型铝合金运煤专用敞车（C_{80} Type Aluminum Alloy Special-purpose Coal Open-top Wagon）

C_{80}型铝合金运煤敞车是供大秦线 2 万吨重载列车运输煤炭用的专用敞车。该车采用双浴盆结构，车体除底架外采用铝合金型材与板材的铆接结构，车体自重轻，容积大，载重达 80t；同时铝合金材料耐腐蚀性强，延长了车辆检修周期及使用寿命。车辆结构按 2 万吨列车的考核标准进行设计，底架中梁采用屈服强度为 450MPa 的高强度耐候钢，并对牵引梁部分进行了加强。车辆外形尺寸满足秦皇岛三、四期翻车机及其附属设施的匹配要求，可以实现不摘钩连续翻卸作业，并能适应环形装车、直进直出装车、解体装车作业及运行时机车动力集中牵引要求。其转向架采用转 K6 型转向架或转 K5 型转向架，具有运行速度高、动力学性能稳定等特点。C_{80}型铝合金运煤敞车如图 3-5 所示。

图 3-5　C_{80}型铝合金运煤敞车

第三节　罐车（Tank Wagon）

罐车是铁路物流中的主要车辆之一，是一种车体呈罐形的运输车辆，用来装运各种液体、液化气体和粉末状货物等。罐车在我国铁路货车中占有很重要的地位，占货车总数的 15%左右。罐车的转载能力是以体积来度量的，罐车的标记质量是以实际所运货物的密度计算的，即测量罐内所盛液体水平面的高度，然后根据罐体容积表（JG 140—2018《铁路罐车容积》）查得所盛液体的质量。

目前，我国液体类罐车轴重主要有 21t、23t、27t。液体类罐车根据装运介质不同分为轻油类、黏油类、酸碱类、化工类和食品类等罐车；主要的罐车型号有 G_{70} 系列、G_{75K} 系列、GQ_{70} 系列等；液化气体类罐车主要有 GY_{60K} 系列、GY_{70A} 系列、GYC_{70} 系列等；粉状货物类罐车主要有 GF_3 系列、GF_{80} 系列、U_{70} 系列等。下面介绍 GQ_{70} 和 GY_{80SK} 两种典型罐车。

一、GQ_{70} 型罐车（GQ_{70} Type Tank Wagon）

GQ_{70} 系列罐车为无中梁（without center sill）结构，主要由车体、转向架、车钩缓冲装置和制动装置等组成。车体由牵枕（traction and bolster）、罐体（tank）、侧梯及走台等部件组成，主要采用型钢（shape steel）和板材（sheet material），材质采用低合金高强度钢（high strength low alloy steel）和 Q450NQR1 高强度耐候钢（high strength corten steel）；牵引梁（draft sill）采用 Z 字钢（Z-section steel），枕梁采用单腹板结构，罐体为卧式斜底碳钢焊接结构；采用转 K6 或转 K5 型转向架；采用 17 型车钩及配套钩尾框（yoke body）、MT-2 型缓冲器；采用 120 制动阀和 NSW 型手制动机等。GQ_{70} 型轻油罐车如图 3-6 所示。

图 3-6 GQ_{70} 型轻油罐车

二、GY_{80SK} 型罐车（GY_{80SK} Type Tank Wagon）

罐车分为有中梁结构罐车和无中梁结构罐车，21t 轴重的 GY_{40S} 系列、GY_{45} 系列、GY_{60} 及上述 GQ_{70} 系列等车型罐车为有中梁结构罐车，GY_{80}、GY_{95K}、GY_{95SK}、GY_{100SK} 为无中梁结构罐车。有中梁结构罐车主要由车体、转向架、车钩缓冲装置和制动装置等组成，车体由底架（underframe）、罐体（tank）、鞍座（tank saddle）、卡带（tank band）及安全附件、外梯及走台等部分组成；中梁采用低合金乙字钢，罐体为圆筒形碳钢焊接结构，罐体与底架通过罐带及上下鞍螺栓连接；采用 13 型或 13A 型车钩及配套的钩尾框、ST 型或 MT-3 型缓冲器；采用 120 制动阀、直立链式或 NSW 型手制动机等。GY_{80SK} 型罐车如图 3-7 所示。

图 3-7 GY_{80SK} 型罐车

第四节 棚车（Covered Wagon）

棚车是铁路货车中的通用车辆。棚车具有端墙、侧墙和车顶，侧墙根据需要设置车门和车窗，主要用于运输各种免受日照、雨雪侵袭的箱装、袋装货物及零散货物。加上一些必要的附属设备后，有的棚车还可以运送人员等。

通用棚车（general covered wagon）主要是由车体、转向架、制动装置和车钩缓冲装置等组成，车体为全钢焊接结构，主要由底架、侧墙、端墙、车顶、车门、车窗等组成。我国主要棚车均为通用棚车，但由于装卸方式单一、专用性差，我国又研制了 P_{66} 系列活动侧墙棚车、P_{70A} 型活动侧墙棚车、P_{70B} 型滑动顶专用棚车、TP 型活顶棚车及 TP_{11} 型吊盖式活顶棚车。下面主要介绍 P_{64} 型和 P_{70A} 型两种典型棚车。

一、P_{64} 型棚车（P_{64} Type Covered Wagon）

P_{64} 系列棚车是一种具有内衬结构的新型棚车，是在 $P_{62(N)}$ 型棚车基础上设计的，其车体主要结构、外观造型及主要结构尺寸与 $P_{62(N)}$ 型棚车基本相同。该车采用的主要型钢、板件均为耐候钢，并进行抛丸预处理，内衬及地板采用竹材板。早期制动装置采用 103 型、103F 型或 120 阀，采用链式手制动机；采用 13 型上作用车钩及钩尾框、2 号或 ST 型等缓冲器；采用转 8 或转 8A 型转向架。后期经过提速改造，制动装置全部采用 120 阀，P_{64T} 型车转向架已全部改造为转 8B 或转 8A 型转向架，P_{64K} 型车转向架已全部更换为转 K2 型转向架。P_{64K} 型棚车如图 3-8 所示。

图 3-8 P_{64}型棚车

二、P_{70A}型活动侧墙棚车（P_{70A} Type Movable Side Wall Covered Wagon）

P_{70A}型活动侧墙棚车的每侧侧墙均由可开启的两扇塞拉门和两扇推拉门组成，采用全侧开门结构，最大开门宽度可达半辆车的长度，可装运普通棚车无法运输的较长大货物，通过开门位置的多种组合，实现任意一处完全无侧墙遮挡装卸，可提高货物装卸速率。由于该车的车门开度大，可供叉车（forklift truck）直进直出甚至不用进入车体，最大程度地改善了叉车机械化装卸作业条件，提高了装卸作业效率，可缩短车辆占线时间，提高车辆周转率。P_{70A}型活动侧墙棚车如图 3-9 所示。

图 3-9 P_{70A}型活动侧墙棚车

第五节 平车（Flat Wagon）

平车是一种以底架进行承载的车辆，无固定端墙、侧墙，主要用于运送钢材、木材、汽车、机械设备等体积或质量较大的货物，也可借助集装箱运送其他货物。平车还能适应国防需要，装载各种军用装备。装有活动墙板的平车也可用来装运矿石、砂土、石砟等散粒货物。平车是我国通用货车车种之一，占货车总数的 9%左右。

目前，我国平车主要为载重 60t 的 N_{17} 系列通用平车、NX_{17} 系列共用平车，载重 70t 级的 $NX_{70(H)}$、NX_{70A} 型共用平车，载重 80t 级的 NX_{80} 型共用平车。为方便一些特殊货物的装载运输，我国铁路相继开发了一些专用运输平车。下面主要介绍 NX_{70} 型共用和 TN_{53} 型升降两种典型平车。

一、NX_{70A} 型共用平车（NX_{70A} Type General Common Flat Wagon）

该车主要由底架、地板、集装箱锁闭装置、制动装置、车钩缓冲装置、转向架等组成。底架主要板材采用 Q450NQR1 高强度耐候钢，中、侧梁分别采用 H630、H600 耐候 H 型钢，侧梁上设有柱插及绳栓，两端梁处设有活动钢制端门；地板采用 70mm 厚松木地板或复合材料地板；采用原位翻转式或 F-TR 集装箱锁头；采用 17 型车钩及配套钩尾框、MT-2 型缓冲器；采用 120 制动阀和 NSW 型手制动机；采用转 K6 或转 K5 型转向架。NX_{70A} 型共用平车如图 3-10 所示。

图 3-10 NX_{70A} 型共用平车

二、TN_{53} 型升降平车（TN_{53} Type Lift Flat Wagon）

该车主要由底架、端板、车载液压升降装置（lifting device）、空气制动装置、手制动装置、车钩缓冲装置、转向架等组成。底架主要由中梁、侧梁、枕梁、端梁、大横梁、升降平台横梁、悬臂梁、小横梁、纵向辅助梁和铁地板等组成。该车设两组车载液压升降装置，其主要结构由升降平台、手动和机动液压升降系统组成，可降低装载车辆的高度。车载液压升降装置采用手动、机动两种方式。空气制动装置采用 120 型货车空气控制阀，254mm×254mm 旋压式密封制动缸，ST2-250 型双向闸瓦间隙调整器（braking shoes slack adjuster），两级空、重车手动调整装置。手制动装置采用 NSW 手制动机。车钩缓冲装置采用 13B 型车钩、加强型钩尾框、MT-3 缓冲器。转向架采用转 K2 型转向架、HDSA 型车轮。TN_{53} 型升降平车如图 3-11 所示。

图 3-11 TN_{53}型升降平车

第六节 漏斗车（Hopper Wagon）

漏斗车是一种设有一个或数个顶盖或不带盖的具有一定斜坡装货斗的车辆。其车体为上部大、底部小的漏斗状，货物从顶盖或舱口（hatch）装入，借助货车自重从漏斗底部或侧部的卸货口卸出。漏斗内壁制成光滑的表面，其斜面倾角和漏斗容积根据所运货物的品种确定。卸货口的位置、数量根据料坑等接收装置的差异而有所不同。每个卸货口（discharge port）设有底门及开闭机构，利用压缩空气或手动机构进行底门开闭。

漏斗车在我国铁路货车组成中数量较少，占铁路货车总数的4%左右。漏斗车按结构形式不同可分为有盖和无盖两大类；按装载货物种类不同可分为煤炭漏斗车、石砟漏斗车、粮食漏斗车和矿物漏斗车四大类。下面介绍KM_{70}和KZ_{80}型漏斗车。

一、KM_{70}型煤炭漏斗车（KM_{70} Type Coal Hopper Wagon）

煤炭漏斗车是一种无盖漏斗车，在我国漏斗车组成中数量最多。目前，我国煤炭漏斗车主要有载重60t的K_{18}系列煤炭漏斗车、载重70t的KM_{70}系列煤炭漏斗车、载重80t的$KM_{80(H)}$型煤炭漏斗车以及30t轴重的KM_{98}、KM_{100}系列铝合金煤炭漏斗车。

$KM_{70(H)}$型煤炭漏斗车采用17型车钩及配套钩尾框、MT-2或HM-1型缓冲器；采用120制动阀和NSW型手制动机；装用转K6或转K5型转向架。$KM_{70(H)}$型煤炭漏斗车如图3-12所示。

图 3-12 $KM_{70(H)}$型煤炭漏斗车

二、KZ_{80}石砟漏斗车（KZ_{80} Type Stone Ballast Hopper Wagon）

石砟漏斗车是一种专用的无盖漏斗车，主要供铁路线路新建、维修时铺设石砟或工矿企业装运散粒货物之用，具有边走边卸和向轨道内、外侧卸砟的功能。目前，我国石砟漏斗车主要为载重 60t 的 K_{13} 系列石砟漏斗车、载重 70t 的 KZ_{70} 系列石砟漏斗车以及载重 80t 的 $KZ_{80(H、F)}$ 型石砟漏斗车。

KZ_{80} 型石砟漏斗车装用 DZ1 型或 DZ2 型或 DZ3 型转向架；采用 17 型车钩及配套钩尾框、MT-2 型或 HM-1 型缓冲器；采用 120 型或 120-1 型制动阀和 NSW 型手制动机。KZ_{80} 型石砟漏斗车如图 3-13 所示。

图 3-13 KZ_{80} 型石砟漏斗车

第七节 冷藏保温车（Refrigerator Wagon）

冷藏保温车具有较好的保温性能和温度调节性能，主要用于装运鲜活、易腐的货物。根据其用途和冷却装置不同，分冰冷保温车（以下简称“冰冷车”）和机械保温车（以下简称“机冷车”）两大类。车辆可单节运行，也可成组运行，禁止过驼峰和冲撞。

冰冷车设有冰箱作为制冷装置，以天然冰或人造冰加盐的混合物为冷媒，冷媒冷却车内空气，从而达到降低货物温度的目的。机冷车采用制冷机组（refrigeration units）对车内进行加热和降温，以调整车内温度。

B_{23} 型机械冷藏车组是参照 B_{22} 型机械冷藏车自主设计的产品，由一辆发电乘务车和四辆货物车组成。其中发电乘务车主要为生活设施、制冷机提供动力。发电乘务车编挂于车组中部；货物车可任意掉头、连挂满足人工或机械化装卸作业要求。

货物车型号为 B_{23}，发电车乘务车包括 B_{23-1} 和 B_{23-2} 两种型号，B_{23-2} 型发电车乘务车是在 B_{23-1} 型发电车乘务车基础上优化设计的。B_{23} 型机械冷藏车组如图 3-14 所示。

图 3-14　B_{23}型机械冷藏车组

第八节　集装箱车（Container Wagon）

集装箱车是集装箱装载形式的货运列车，集装箱占整个列车运输部分的主体。

我国早期铁路集装箱主要采用敞车进行运输，为满足铁路集装箱运输市场发展需求、提高集装箱运输效率，我国开始研制铁路集装箱运输专用平车。下面介绍一种铁路集装箱专用平车 X_{6C}。X_{6C}型集装箱专用平车由底架、集装箱锁闭及门挡装置、风制动装置、手制动装置、车钩缓冲装置、转向架等组成。底架为板材及型钢组成的焊接结构，中梁为两根 I560 工钢加 10mm 厚的上盖板和 12mm 厚的下盖板组焊成的鱼腹梁，侧梁为单根 I450 工钢的鱼腹梁，型钢采用 Q235A 材质，板材为耐候钢材质；采用凸台型集装箱锁头，后进行了 F-TR 式集装箱锁头改造；采用 13 型下作用式车钩及钩尾框、2 号缓冲器；采用 120 制动阀和旋转卧式手制动机；采用转 8A 型转向架，提速改造后采用转 8AG 型、转 K2 型转向架。X_{6C}型集装箱专用平车如图 3-15 所示。

图 3-15　X_{6C}型集装箱专用平车

专业词汇汉英对照（Glossary）

专业词汇	拼音	英文
敞车	chǎngchē	open-top wagon
罐车	guànchē	tank wagon
无中梁	wú zhōngliáng	without center sill
牵枕	qiānzhěn	traction and bolster
棚车	péngchē	covered wagon
平车	píngchē	flat wagon
漏斗车	lòudǒuchē	hopper wagon
石砟漏斗车	shízhǎ lòudǒuchē	stone ballast hopper wagon
冷藏保温车	lěngcáng bǎowēnchē	refrigerator wagon
集装箱车	jízhuāngxiāngchē	container wagon

思 考 题（Questions）

(1) 货车车辆的基本结构是什么？主要有哪些用途？请举例说明。

(2) 谈谈你对目前中国机车车辆印象如何？

(3) 将下面英文翻译成中文。

Tank truck is a kind of transport vehicle with tank body, which is used to carry all kinds of liquid, liquefied gas and powder goods. Tank truck plays an important role in railway wagons in China, accounting for about 15% of the total number of wagons.

Container vehicle is a freight train with container (different from zero load, flat plate, fixed container) loading form. Container accounts for the main body or all of the whole train transportation part. China's railway container transport focuses on solving the railway zero-load freight transport, mainly using 1 ton and 5 ton general container.

拓展阅读（Extensive Reading）

铁路特种车辆（一）

长大平板车仅有平面底架和车地板，其承载情况与平车完全相同，但它的底架是通过中间梁支承在四台二轴转向架上，因此地板面至轨面距离较一般平车要高。这种平车主要用来运输长钢轨、桥梁钢架、混凝土梁及长大机械设备等高度不大的超长货物。由于载重大，其钢结构底架中各梁件断面也较大，且底架两端还有两根纵向补助梁，以增加强度。

凹底平车只有底架、凹形地板而无车墙的特种平车，俗称元宝车。货物装在凹形地板上。为了装运大件货物其底架纵向梁的中部呈弯曲的元宝形，以增大净空。但弯曲部分比较粗大，以免产生较大变形和防止应力集中。其载重分别有 90t、150t、180t、210t 和 260t 等多种。

落下孔车，主梁中央开有长 10.2m、宽 23m 的装载货物方孔，货物的一部分落在矩形孔洞中，载重完全由两侧强大的侧梁承担，侧梁由厚的合金钢板焊成，为了提高工字梁承载时的整体稳定性和横向承载能力，加大了上盖板宽度，并在腹板两侧加焊了压型的角撑，使侧梁断面上部成一封闭结构。这种车适合装运直径较大的发电机和汽轮机转子、轧钢机架、锻压机横梁等高、大、重的货物。

钳夹车设有专门的钳夹装置，将货物夹装在两节车辆之间使货物本身成为车辆一部分的长大货物车。当所运货物的体积特别庞大时，只要其最大横载面不超过最大级超限货物装载限界，就可采用钳夹车装运。因此，该车主要用来装运大型发电机定子、轧钢机、核电站的压壳等重、大、超限货物。

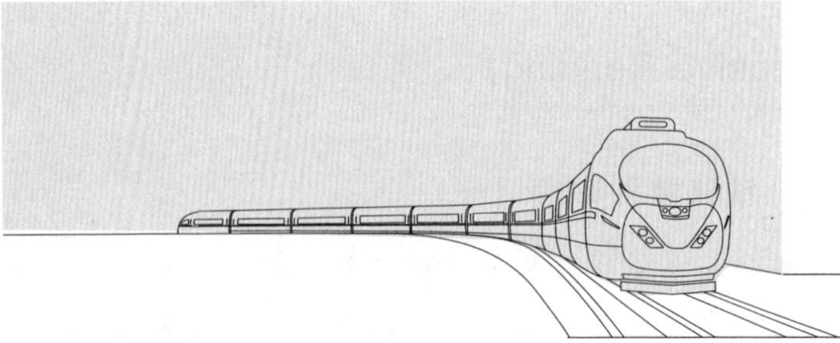

第 四 章

客车车辆

Passenger Vehicle

铁路客车是指载运旅客、为旅客提供服务的车辆以及挂运在旅客列车中的其他用途的车辆。客车分旅客运送、旅客服务和特殊用途 3 种车辆。我国铁路客车种类繁多，根据用途的不同，主要有如下几种：硬座车（semi-cushioned seat coach）、软座车（cushioned seat coach）、硬卧车（semi-cushioned berth sleeping vehicle）、软卧车（cushioned berth sleeping vehicle）、行李车（baggage vehicle）、餐车（dining car）、邮政车（mail vehicle）、空调发电车（air conditioner power generation vehicle）、试验车（test vehicle）。高速客车中还有一等软座车、二等软座车等。此外，还有公务车（official business vehicle）、医务车（hospital vehicle）、维修车（maintenance vehicle）、特种车（special vehicle）等。中国铁路客车的颜色原为白色、蓝色、红色等，现普速客车已统一为橄榄绿色的车皮和中灰色的车顶。从 20 世纪 90 年代初开始，铁路客车由 22 型向 25 型升级换代，从 25B、25G、25Z 到 25K、25T 不断发展进步，技术水平日益提高。特别是 25T 型提速客车，随着中国铁路的大提速而诞生、发展。今后，动车组将成为中国铁路主型客车。

第一节　动车组（Electric Multiple Unit）

动车组又称“动车组列车”，是自带动力、固定编组、可双向开行的旅客列车，具有安全可靠、运行快捷、乘坐舒适、编组灵活等特点，是高效率、大密度的旅客运载工具，动车组一般指电动车组。《铁路技术管理规程》第 208 条内容规定：动车组列车为自走行固定编组列车。2007 年 4 月 18 日，我国成功实施了第六次铁路大面积提速调图，和谐号 CRH（China Railway High-speed）动车组首次出现在我国铁路上，在既有线上实现了最高速度 250km/h 的高速运营。2010 年以后，我国逐渐掌握具有自主知识产权的动车组技术，相继研制出新型城际动车组、中国标准动车组（又名复兴号 CR 系列动车组）等多种动车组，满足多元化客运需求。这标志着我国高速铁路达到了世界先进水平，铁路技术装备进入了世界先进行列。

高速铁路动车组 CRH 是我国铁路自主品牌的系列高速动车组，分别为青岛四方—庞巴迪—鲍尔铁路运输设备有限公司生产的 CRH1 型、四方机车车辆股份有限公司生产的 CRH2 型、唐山轨道客车有限责任公司生产的 CRH3 型、长春客车轨道有限公司生产的 CRH5 型和青岛四方—南京浦镇车辆有限公司生产的 CRH6 型。其中 CRH1 型和 CRH5 型动车组为速度 200～ 250km/h 的动车组；CRH2 型动车组则包括了速度 200～250km/h 等级的动车组（又称 CRH2 -200 型）和速度 300～350km/h 等级的动车组（又称 CRH2-300 型）；CRH3 型动车组为速度 350km/h 等级的动车组。CRH6 型动车组为速度 140～200km/h 等级的动车组。CRH 系列动车组构造速度见表 4-1。

表 4-1　CRH 系列动车组构造速度

型号	构造速度（km/h）
CRH1	200～250
CRH2	200～350
CRH3	350
CRH5	200～250
CRH6	140～200

一、CRH2 型动车组（CRH2 EMU）

采用动力集中型的动车组列车只有两端为动车（motor），其余均为拖车（trailer），可以采用前拉后推的推挽方式运行。一般所有控制指令均由驾驶端动力车发出，另一动力车通过列车总线接受控制指令（control command）。“新曙光”号（2 动 9 拖）内燃动车组即为动力集中型动车组。

动力分散型动车组列车由若干个动力单元（power pack）组成，每个动力单元既有动车也有拖车。CRH2 型动车组为动力分散型交流传动电动车组，由 8 辆车组成，包括两个动力单元，每个动力单元均为 2 动 2 拖。动车组采用动力分散方式的优势在于，把部分设备安装在非动力车（即拖车）上，动车组充分利用车厢地板以下的空间，使列车总体利用率提高，增加了载客人数；还使列车质量沿列车长度比较均匀地分布，降低最大轴重和改善了列车的牵引及制动性能（braking performance）；减小了对线路的影响，降低了噪声；另一方面，由于动车组将各动力单元减小，每一动力单元的功率占总体功率比例降低。当一个动力单元发生故障时，列车牵引总功率所受影响较小。因此可以使列车总功率降低，也可以减小列车功率的储备。动车组的组成（即动车、拖车）可用 M（动车）和 T（拖车）来表示，如图 4-1 中 CRH2 动力配置为 4 动 4 拖，表示为（4M+4T），动力集中型的 2 动 9 拖表示为 M+9T+M。

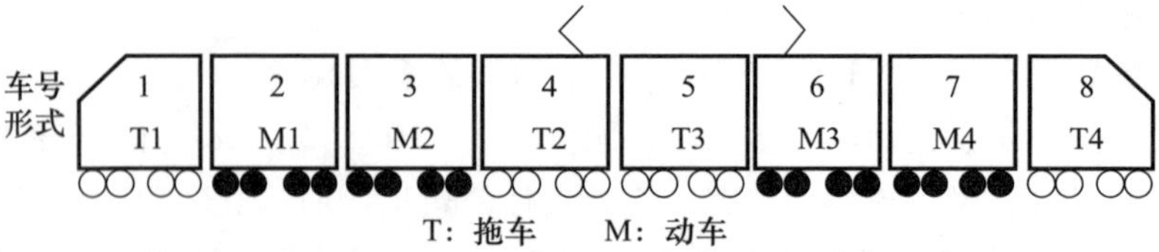

图 4-1　CRH2 动车组动力配置

二、CRH2 型动车组总体技术（General Technical Specification of CRH2 EMU）

以 CRH2E 型卧铺动车组为例，如图 4-2 所示，其关键技术主要体现在 5 个方面。

图 4-2　CRH2E 型卧铺动车组

1. 整车轻量化（Light Weight）

卧铺动车组采取 16 辆的长大编组方式，在高速列车编组方式上是第 1 次，要求列车在保证车体强度（car body strength）的前提下尽可能减轻整车质量。因此车体采用铝合金（aluminium alloy）板材和型材焊接而成。

2. 牵引方式（Traction）

卧铺动车组采用动力分散交流驱动方式，在动车组两端的首尾车上均设有司机室，列车正常运行时在前端司机室进行操纵控制（只允许 1 人操作），不允许在两个司机室同时操作。

牵引电路的基本单元由 1 台牵引变压器、2 台牵引变流器、8 台牵引电机构成。1 台牵引变流器控制 4 台牵引电机，牵引电路系统以 2 辆动车为 1 个基础单元。牵引变流器（traction converter）安装在各动车上，各装载 1 台脉冲整流器和逆变器，在牵引时向牵引电机提供电力、制动时进行电力再生控制。此外，还具有保护功能。牵引变流器出现故障时，相应各动车可单独控制动力输出。另外，基本单元 VCB 可以整体断开，不会影响其他单元的动作。

3. **车钩缓冲装置**（Coupler and Buffer Device）

动车组的车钩缓冲装置在高速运行时受到纵向巨大的拉伸作用力。密接式车钩（tight-lock coupler）特征是采用可以安装电气连接器（connector）的结构，使车辆之间电气的连接和分离比较简单。连接面的凸锥设计成圆柱形，钩舌（coupler knuckle）设计成半圆柱形，使钩舌与车钩（coupler）的分解、制造和维护都比较容易实施。空气管与钩体采用刚性连接。

4. **高速转向架**（High-speed Bogie）

转向架分带驱动装置的动车转向架（EMU bogie）和不带驱动装置的拖车转向架两种。动车转向架和拖车转向架的主要结构基本一致，采用 H 形构架、无摇枕（no bolster）、空心轴轮对（quill shaft wheelset）、铝合金轴箱前盖（aluminum alloy axle box front cover）和铸铝齿轮箱（cast aluminum gearbox）结构，车轮直径为 860mm，制动采用盘式制动（braking disc），动车转向架采用轮盘制动方式，拖车转向架采用轮盘和轴盘并用制动方式；轴箱定位装置（axle box positioning）采用转臂（轴梁）式定位方式，减轻磨耗并简化调整方法，从而降低维修频度及减轻其质量；牵引装置为单连杆方式，以减轻质量及降低维修频率；基础制动装置由安装在转向架上的增压缸将空气压力进行气液转换后，再由一体化的制动夹钳装置来产生制动力，以此来减轻质量。

5. **制动系统**（Braking System）

卧铺车动车组制动系统采用复合制动模式，即再生制动＋电气指令式空气制动，分 8 个制动控制单元，1 个动车和 1 个拖车构成 1 个单元。动车采用再生制动及空气制动，拖车仅采用空气制动。再生制动和空气制动的切换根据电空协调控制（electric-air coordinated control），由制动控制器判断所需要的制动力，当再生制动力不足时，用空气制动补足。为降低制动盘磨损（braking disc wear），列车制动采用延迟控制，即制动力优先让动车（再生制动）负担，从而降低拖车的制动力。

第二节 地铁（Metro）

地铁（metro、subway）是在城市中修建的快速、大运量、用电力牵引的轨道交通。列车在全封闭的线路上运行，位于中心城区的线路基本设在地下隧道内，中心城区以外的线路一般设在高架桥或地面上。地铁是涵盖了城市地区各种地下与地上的路权专有、高密度、高运量的城市轨道交通，我国台湾地铁称之为“捷运”（rapid transit）。

一般而言，世界各地城市轨道交通车型没有统一的标准，往往是按照某个地方的城市轨道交通所需量身定制，比如纽约地铁的 A 系统和 B 系统。在我国内地，城市轨道交通列车车型主要被分为A、B、C、D、L型以及特殊型号如APM列车、单轨列车、有轨电车等。

一、A型地铁（Type A Metro）

地铁A型车是地铁列车中宽度最大、载客量最大的车型，尤其适合人口密度、流量大的特大型城市使用。A型车中，A1型为第三轨供电，A2型为接触网供电。6辆编组时单向运能可达到5万～7万人次/h，适用于市区内大客流运输、线路长度30km左右的情况。根据不同线路情况，其运营速度有80km/h、100km/h、120km/h三个等级。

1. 配套系统

整车配备了旅客信息系统，每辆车内均装有电子报站装置（electronic station announcement device），可在运行过程中动态显示列车所处位置、运行方向和前方车站。车内还装有与司机通话装置，如在运行中遇到紧急情况，可使乘客与司机在第一时间进行沟通。此外，车内安装了CCTV监视系统，可即时记录车厢内发生的意外事件。

2. 列车技术

我国多年前首次自主研制成功的A型地铁列车，国产化率达到85%，总体达到西门子、阿尔斯通、庞巴迪等跨国公司同等技术水平，并获得了25项技术专利，而成本降低20%以上。经过运行测试达标后，已实现规模化生产，进一步降低了制造成本。

3. 代表线路列车

在北京、上海、广州、深圳、南京、武汉、大连、西安、天津、成都、石家庄、兰州、郑州、乌鲁木齐、太原、济南等城市运营的部分线路使用了A型列车。

北京：北京地铁14号线（图4-3）、16号线、17号线（2021）、19号线（2021）等。

图4-3 北京地铁14号线

上海：上海地铁1号线（图4-4）、2号线、3号线、4号线、7号线等。

图4-4 上海地铁1号线

广州：广州地铁1号线、2号线（图4-5）、8号线、13号线等。

图4-5 广州地铁2号线

深圳：深圳地铁1号线（图4-6）、2号线、4号线、5号线、6号线、7号线、8号线、9号线、10号线、11号线等。

图4-6 深圳地铁1号线

二、B 型地铁（Type B Metro）

地铁 B 型车是应用最广的地铁车型，近年来国内新建地铁的城市普遍采用地铁 B 型列车。B 型列车适用于中大运量的城市轨道交通系统（urban rail transit system）。B 型车按照受流方式不同还可分为 B1 型车和 B2 型车，B1 型车为第三轨供电，B2 型车为接触网供电。6 辆编组时单向运能可达到 3 万～5 万人次/h。根据不同线路情况，其运营速度有 80km/h、100km/h、120km/h 三个等级。图 4-7 是天津地铁 1 号线。

图 4-7　天津地铁 1 号线

三、C 型地铁（Type C Metro）

C 型车一般是我们说的轻轨车型（light rail vehicle），鲜见于地铁线路，适用于中小运量的城市轨道交通系统。根据我国标准，城市轨道交通中采用中型铁路系统（railway），路面电车每小时可载客约 7000 人，能适应远期单向最大高峰小时客流量 1.5 万～3.0 万人次的称为轻轨。C 型车 6 辆编组时单向运能可达到 1 万～3 万人次/h。根据不同线路情况，其运营速度有 80km/h、100km/h、120km/h 三个等级。

长春轻轨车开创了国内轻轨的先河，但并不是后来的标准轻轨 C 型车，因此为单列车型（正如北京地铁 1 号线、2 号线、13 号线使用的宽 2.6m 的地铁列车也不是后来的标准地铁 B 型车）。轻轨 C-Ⅰ型车除车体宽度外与地铁 B 型车差异不大，理论上也有铰接型；轻轨 C-Ⅱ型车为六轴单铰接型；轻轨 C-Ⅲ型车为八轴双铰接型。图 4-8 是上海地铁 6 号线。

四、D 型地铁（Type D Metro）

市域（administrative region of a city）D 型列车是车辆基本宽度为 3300mm

的市域快线车辆。中心城区与郊区新城或机场之间的公共交通具有客流量（passenger flow）相对较小、出行距离较长的特征，要由更高速度等级的快线车辆来承担，座椅布置多采用横排座椅或横排座椅与竖排座椅混合布置的方式。由于运行时间较长，市域快线车辆一般采用横排座椅布置方式以实现较好的乘坐舒适性。定员载荷工况一般仅按站立 4 人/m^2 考虑，低于市内地铁站立 6 人/m^2 的标准，因此车辆总定员相对于市内地铁车辆会有较大的降低。图 4-9 是温州轨道交通 S1 线，是国内首款完全自主研发的市域动车组，结合了先进的高速动车组技术和成熟的 A 型地铁车辆技术（如此也就不难理解为何又称为市域 A＋车型），整车国产化率高达 98%以上，该线为我国最早使用 D 型地铁列车的线路。S1 线列车设计速度最高可达 140km/h，采用 4 节编组，拖动比为 2M2T。每节车厢设有 4 对车门。

图 4-8 上海地铁 6 号线

图 4-9 温州轨道交通 S1 线

五、L 型地铁（Type L Metro）

L 型车并不是按车辆规格划分出的一个车型，而是为直线电机车单独划分的一个车辆分型。

L 型车为直线电机驱动（linear motor drive）、轮轨导向的中运量城市轨道交通系统。直线电机运载系统是一个专用系统，不能与传统的城市地铁交通系统通用，所以 L 型列车服役的线路不多。根据不同线路情况，其运营速度有 90km/h、100km/h 两个等级。车体材质为铝合金或不锈钢。

L 型车辆适用于两种情况：(1) 因为地质地貌所限，在施工架设过程中急需解决大坡度（gradient）、小半径问题的线路。(2) 城市的郊区线、机场线、观光线等不满足高峰小时单向客流不超过 3 万人的要求。图 4-10 是广州地铁 6 号线，它的直线电机传动是利用直线电机和轨道中间安装的感应板（induction plate）之间的电磁效应产生的推力作为列车的牵引力（traction force）或电制动力（electric braking force），此牵引力或电制动力与轮轨（wheel-rail）间的黏着无关，因此列车的爬坡能力远大于采用旋转电机的车辆。

图 4-10 广州地铁 6 号线

第三节 有轨电车（Tram）

有轨电车（tram）是采用电力驱动并在轨道上行驶的轻型轨道交通车辆。有轨电车是一种公共交通工具，亦称路面电车，简称电车，属轻轨的一种，列车一般不超过 5 节，但由于在街道行驶，占用道路空间。此外，某些在市区的轨道上运行的缆车亦可算作路面电车的一种。电车以电力驱动（electric drive），车辆不会排放废气，因而是一种无污染的环保交通工具。

20 世纪 70 年代以来，以汽车为主导的交通模式所带来的问题日显严重，能源危机、环境污染、土地紧缺、交通拥堵等问题，迫使欧洲发达国家重新将大容量的轨道交通作为发展城市公共交通的重点。由于中小城市无法负担地铁的巨额投资，于是现代有轨电车在欧洲中小城市应运而生。现代有轨电车应用以来，以其便捷性、舒适性及美观性受到市民和政府的肯定。在 1978—2005 年间，欧洲有数十座城市发展了现代有轨电车。瑞典哥德堡有轨电车如图 4-11 所示。

图 4-11 瑞典哥德堡有轨电车

据中国城市轨道交通协会发布的《城市轨道交通 2022 年度统计和分析报告》报告显示，截至 2022 年年末，中国内地开通有轨电车总长 564.77km。现代有轨电车具有运行可靠、舒适、节能、环保等特点，且其技术特性已与轻轨基本无异，如今世界上许多地方也开始在城市中改建或新增现代有轨电车线路，如法国斯特拉斯堡、瑞士日内瓦、西班牙巴塞罗那以及我国的大连、天津、上海等城市。现代有轨电车作为城市新兴的一种先进的公交方式，已完成了从传统到现代化的转变，在世界范围被普遍推广也充满了光明的前景。

现代有轨电车的形式具备多样化特征，例如专用路权的有轨电车、与铁路共享路权的有轨电车、货运有轨电车等运营理念的实现；第三轨供电的实践；单轨导向橡胶轮胎走行的导轨电车的诞生；低地板车辆生产技术、信号与控制技术的进步等。现代有轨电车往往成为城市的骨干交通模式，线路几乎全部穿过市中心。如哥德堡的有轨电车线网为明显的放射型，线路从市中心向郊区辐射。

现代有轨电车与旧式有轨电车的不同点主要是它不但具有鲜明的现代化外貌色彩，而且车辆质量轻、速度快（轴重仅 9t 左右），车厢内设有空调。现代有轨电车系统一般包括普通电车（general tram）、铰接电车（articulated tram）、双铰接电车（double articulated tram）。有轨电车的车辆宽度通常受城市道路可容纳性的限制。

德国目前拥有最先进的有轨电车技术。世界上第一辆有轨电车是西门子于 1881 年在德国柏林制造的。西门子制定了有轨电车发展的标准。车体的静态缓冲载荷（static buffer load）已提高至 400kN，符合最新的国际标准。德国西门子公司有轨电车为八节车厢，是全世界最长的有轨电车，加拿大庞巴迪公司为 7 节车厢，如图 4-12 所示。

图 4-12 庞巴迪公司有轨电车

Word 专业词汇汉英对照（Glossary）

专业词汇	拼音	英文
动车组	dòngchēzǔ	electric multiple unit
铰接电车	jiǎojiē diànchē	articulated tram
动力单元	dònglì dānyuán	power pack
牵引变流器	qiānyǐn biànliúqì	traction convertor
制动盘磨损	zhìdòngpán mósǔn	braking disc wear
城市轨道交通系统	chéngshì guǐdào jiāotōng xìtǒng	urban rail transit system
轻轨车型	qīngguǐ chēxíng	light rail vehicle
直线电机驱动	zhíxiàn diànjī qūdòng	linear motor drive

思考题（Questions）

(1) A 型地铁和 B 型地铁有什么区别？各自的优缺点有哪些？
(2) 动车组的编号是如何规定的？有哪些含义？
(3) 与地铁相比，有轨电车有哪些优缺点？

拓展阅读（Extensive Reading）

墨尔本拥有全球最大的有轨电车网络。

有轨电车曾是很多城市的交通工具，20世纪60～70年代，很多城市因为各种原因逐渐摒弃有轨电车，目前全球数十个城市又开始扩建和新建有轨电车。墨尔本不仅保留了它还加以利用，殖民地电车餐厅（the colonial tram restaurant）始于1983年，是全球第一家，也是唯一一家开设在有轨电车上的高级餐厅（图4-13）。

图4-13 墨尔本有轨电车

墨尔本的电车餐厅之所以被称为浪漫的旅游节目，那是因为整个过程是动态的，是在行进中的有轨电车上享用美食而完成的浏览街景的游玩项目。这要归功于墨尔本市完整的、现代化的有轨电车交通体系（tram traffic system）。

公共交通优先在墨尔本的交通体系中得到了充分的体现和淋漓尽致的发挥。马路中间来回双向的两道有轨电车道路是有轨电车的专用通道，任何时候都有优先权，汽车只能在道路旁单道行驶。这个电车餐厅的旅游项目是在正常电车体系中运行的，上车地点是平时有轨电车的上下客站点，不少有轨电车站点上都有车辆欲达可视屏幕，运行操作井然有序。电车餐厅行进的路线并非一成不变，而是根据墨尔本当时的交通状况随时做调整。所以，每辆有轨电车除了有专职司机之外，还有一名扳道岔的工人随车而行，有轨电车还和调度中心保持联系，随机处置突发状况。沿途风光，秀色可餐。

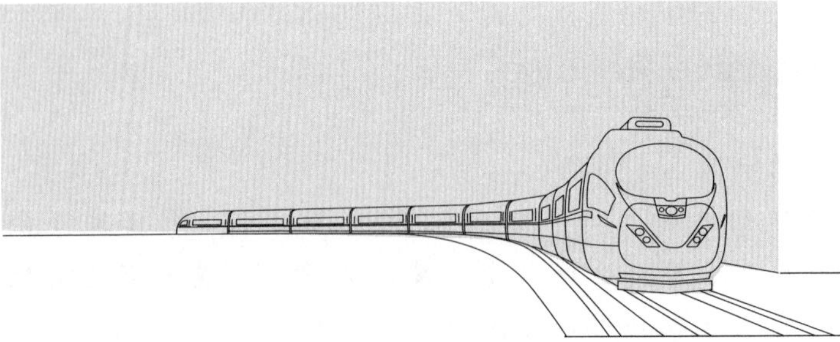

第 五 章

工程车辆

Engineering Vehicle

工程车（engineering vehicle）是基础建筑工程的主干力量（backbone force），由于它们的出现才使工程进度倍增，大大减少了人力。工程车用于工程的运载（carrying）、挖掘（excavation）、抢修（first-aid repair）等。常见工程车有大型养路机械、轨道车、接触网作业车等。

第一节 大型养路机械
(Large Track Maintenance Machinery)

大型养路机械是用于铁路大修、维修及检测等作业的自轮运转特种设备。既具有类似机车的自运行和连挂运行的性能，又具有独特的能满足线路修理规范标准的功能。随着我国铁路的迅速发展，大型养路机械已经成为守护铁路运输安全的“后盾”，其可对线路进行维修检测，不断提升线路质量，保障运输安全。

一、捣固车（Tamping Machine）

捣固车是大型养路机械（简称大机）的一种，适用于铁路线路的新线施工、既有线大中修清筛（cleaning）作业后和运营线路维修作业，对轨道进行自动抄平、起拨道、道砟捣固作业，提高道床石砟的密实度（degree of compaction），增加轨道的稳定性（stability），消除轨道的方向偏差，左、右水平偏差和前、后高低偏差，使轨道线路达到线路设计标准和线路维修规则的要求，保证列车安全运行。

捣固作业的目的是增加道床的密实度，提高轨道的稳定性，增加道床的密实度主要是对石砟产生振动，使石砟向其稳定的方向移动。捣固作业可夹实枕间石砟使枕底石砟密实。振动的产生主要是根据偏心轴（eccentric shaft）摇摆振动原理，振动启动机（vibratory motor）带动偏心轴高速旋转，油缸连接镐臂（tamping arm）使镐掌产生振动，正常情况下由于油缸装满了压力油，所以振幅会较小。夹实主要根据异步夹持的原理，也就是外夹持油缸活塞杆往外伸出，内夹持油缸活塞杆往里缩回，共同完成对枕底石砟的夹实动作，如图 5-1 所示。

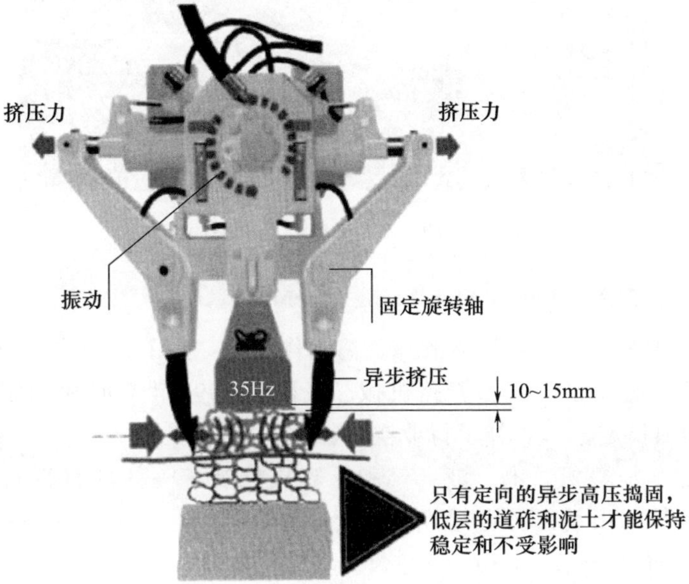

图 5-1 捣固装置

DG-53 型标准轨道捣固车和 DC-32Ⅳ型标准轨道捣固车分别如图 5-2、图 5-3 所示。

图 5-2 DG-53 型标准轨道捣固车

图 5-3 DC-32Ⅳ型标准轨道捣固车

二、动力稳定车（Power Stabilizing Machine）

动力稳定车是用于铁路线路清筛、捣固作业后，为了巩固作业效果，增强道砟密实度和道床稳定性的大型养路机械。我国于 1993 年 5 月成功制造了第一台 WD-320 型动力稳定车，填补了行业空白。

动力稳定车是集机、电、液、气和计算机控制于一体的自行式大型养路机械。它的主要结构由动力与走行传动系统（power and running transmission system）、稳定装置（stabilizing device）、主动与从动转向架（active and driven bogies）、车架（car body and underframe）与顶棚、前后司机室（front and rear cabs）、空调与采暖（air conditioner）设备、单弦与双弦测量系统、液压系统（hydraulic system）、电气系统（electrical system）、制动系统（braking system）、气动系统（pneumatic system）和车钩缓冲装置等 12 部分组成。

对线路施加垂向静载荷（static loading）和双向水平激振力（exciting force），通过垂直下压力和水平振动的联合作用，促使道砟移动、充填、密实，轨道随之均匀下沉。道砟颗粒（ballast particles）之间增大了接触面积，也就增大了颗粒间的摩擦力（frictional force）和嵌制力（embedded force），提高了道床的稳定性。稳定车具有自动控制轨道下沉量的检测系统，作业中可根据特殊的实际状态自动调整。

经稳定车作业过一次的线路，不仅可以迅速达到列车全速运行所需要的道床横自阻力（roadbed transverse self-resistance），大大缩短列车限速慢行的时间，保持捣固作业后正确的轨道几何尺寸（geometrical dimension），还可较长久地维持轨道的稳定性，延长大修、维修周期，节约维修费用。另外，稳定车作业时使钢轨扣件（rail fastener）产生的应变很小，不到列车通过时的 2%，DWL-48 型和 WD-320 型稳定车如图 5-4、图 5-5 所示。

图 5-4 DWL-48 型稳定车

图 5-5 WD-320 型稳定车

三、配砟整形车（Ballast Regulator Machine）

配砟整形车是铁路新建、大修和维修大型机械化作业中不可缺少的配套机械之一。它具有对道床（roadbed）进行抛砟（ballast throwing）、配砟（ballast blending）、整形（ballast shaping）和清扫轨枕面等作用。

配砟整形车是集机、电、液、气于一体的自行式大型线路机械。它主要由发动机、传动装置、制动系统、走行装置（bogie）、走行和作业液压系统组成。动力传动系统由风冷柴油机（air cooled diesel）、万向传动轴（cardan shaft）、分动齿轮箱（transfer gear box）、高压油泵（high-pressure oil pump）、液压启动机（hydraulic motor）、车轴齿轮箱（axle gear box）等组成；工作装置是完成配砟整形作业的执行机构，由侧犁（side plough）、中犁（middle plough）和清扫装置组成；液压系统包括走行驱动系统和作业机构控制系统；电气系统按照控制功能分为电源和柴油机控制电路、液压走行电路、作业控制电路、照明电路、监视和报警电路、辅助控制电路。

配砟整形车的工作装置由中犁、侧犁和清扫装置组成，其工作原理就是由中犁和侧犁完成道床的配砟及整形作业，使作业后的道床布砟均匀，并按线路的技术要求使用道床断面成形。清扫装置将作业过程中残留于轨枕及扣件上的道砟清扫干净，并收集后通过输送带移向道床边坡，达到线路外观整齐、美观的效果。

配砟车可编挂于捣固车之前，使捣固前道床断面（roadbed section）成形，方便捣固；也可编挂于捣固车之后，使捣固后道床得到进一步整理成形，同时将散落在轨枕或扣件上的道砟清扫干净。配砟整形车如图 5-6、图 5-7 所示。

图 5-6　SPZ-200 型配砟整形车

图 5-7　配砟整形车

四、道砟清筛机（Ballast Cleaning Machine）

铁路线路经长期使用，道床脏污，道砟破碎，对线路的状态及其性能有着很大的影响。脏污的道砟首先使道床失去弹性和排水性能，继而将使得整个道床出现“板结”现象，道床的“板结”对运输生产是很不利的。清筛机的结构由挖掘机构、清筛机构、回填机构、走行升降机构、污物清扫机构和电气控制机构等部分组成。

铁道线路在运营过程中，会发生变形、磨耗、破损、腐蚀、脏污及老化，因此要对其进行养护、维修，以使其处于正常可靠的工作状态，保证行车安全。整洁的道床经过一个时期的使用后，由于刮风、下雨等自然条件的作用，以及列车的粉尘货物撒落在道床上，钢轨打磨车的打磨铁屑散布在道床上等原因，都会使道床被污染。污染脏污的道床使铁道线路降低弹性及排水性能，造成线路病害。对碎石道床而言，当其不洁度（按质量计）超过 30%时，应该进行清筛。道床清筛是线路大、中修任务中一项工作量大、劳动强度高的作业项目，目前我国铁路已越来越多地采用道砟清筛机来完成清筛作业。

铁路清筛设备是用来清筛道床中道砟的作业机械，它将脏污的道砟从轨枕（rail sleeper）下挖出，进行筛分后，将标准、清洁的道砟回填至道床，筛出的污土和废物清除到线路外。其主要工作流程为挖掘（excavating）、筛分（screening）、回填（backfilling）、抛污。清筛机如图 5-8 所示。

图 5-8 清筛机

五、钢轨打磨车（Rail Grinding Machine）

由于列车的动力作用、自然环境和钢轨本身质量等原因，钢轨经常会发生伤损情况，造成钢轨寿命缩短、养护工作量增加、养护成本增加等问题，甚至会严重影响行车安全。通过打磨机（grinding machine）或者打磨列车对钢轨头部滚动表面进行打磨，消除钢轨表面不平顺（track irregularity）、轨头表面缺陷及将轨头轮廓恢复到原始设计要求，实现减缓钢轨表面缺陷的发展、提高钢轨表面的平滑度（smoothness），进一步达到改善旅客乘车舒适度、降低轮轨噪声、延长钢轨使用寿命的目的。

钢轨打磨的策略包括：矫正性打磨（打磨量 0.5～4.6mm）、过渡性打磨（经历数次打磨周期的转变）、预防性打磨或周期性打磨（移除少量金属 0.2～

0.3mm)、特殊性打磨（为实现特殊钢轨断面形状、平滑的钢轨接触面等）。

钢轨打磨车的分类一般包括线路打磨车，如 PGM-48 型打磨车（图 5-9）、GMC-96B 型钢轨打磨车、GMC-96X 型钢轨打磨车；道岔打磨车，如 RGH-20C 型和 ICMC-16 型道岔打磨车。打磨车的系统主要由转向架（bogie）、车架、牵引装置、打磨装置（grinding device）、防火装置、检测系统、液压系统、电气系统（electrical system）、气动系统、动力系统、制动系统组成。

图 5-9　PGM-48 型钢轨打磨车

钢轨经过打磨后，可延长曲线线路钢轨的使用寿命 5～8 年，减少约 1/3 的捣固作业维修成本，降低线路的运行噪声和车辆的运行能耗，改善车辆及线路的运行振动性能，从而减缓运行车辆及线路的损坏。

六、钢轨探伤车（Rail Flaw Detection Vehicle）

钢轨的核伤（nucleus flaw）、裂缝（crack）、踏面伤损（tread damage）以及焊缝伤损（weld damage）等是钢轨伤损的主要形式。钢轨探伤车是装有钢轨伤损检测设备的专用车辆或专用列车。我国从 1989 年开始尝试引进大型钢轨探伤车。钢轨探伤车具有自动化程度高、检测效率高、检测数据可追溯、检测结果重复性好、计算机辅助伤损识别、可夜间作业、自轮运行检测等优势，随着大量高速铁路的开通运营，在部分线路、部分区段钢轨探伤车逐步取代探伤仪承担正线钢轨探伤是必然的发展趋势。

按钢轨探伤车检测原理可分为电磁钢轨探伤车（electromagnetic rail flaw detection vehicle）和超声波钢轨探伤车（ultrasonic rail flaw detection vehicle）两类。电磁钢轨探伤车是根据非接触通磁法检测钢轨伤损的，其最佳检测速度为 30～70km/h（最高可达 10km/h），这种车辆不能检测钢轨腰部和钢轨接头附近的钢轨伤损。检测核伤的最佳灵敏度仅为轨头断面积的 20%～25%，所以已逐步被超声波钢轨探伤车（ultrasonic flaw detection vehicle）所代替。

超声波钢轨探伤车是原联邦德国克劳特克莱默公司于1956年首次试制成功的。这种车辆利用超声波法（ultrasonic method）进行钢轨伤损探测，能够探测钢轨的轨头和轨腰范围内（包括接头附近）的疲劳缺陷（fatigue defect）和焊接缺陷（welding defect），有的还能检测擦伤（scratch）、轨头压溃（rail crush）和波浪形磨耗（corrugation），以及轨底锈蚀（rail bottom corrosion）和月牙掉块（spalling of rail head）。这种车辆装有自动记录设备，能把钢轨伤损信号、里程信号和线路特征信号（桥梁、隧道、接头、轨枕类别等）记录在同一纸带或胶片上。根据记录可分析确定伤损的大小和在钢轨内的位置，也可确定伤损所在的线路里程。此外，根据连续两次的记录还可确定钢轨伤损的发展速度和发展规律。超声波钢轨探伤车常用的检测行车速度为30～50km/h，检测核伤的最佳灵敏度（sensitivity）约50mm^2，检测轨腰裂纹的最佳灵敏度相当于直径为3mm的钻孔。钢轨探伤车如图5-10、图5-11所示。

图5-10 RTC1000-GTC型钢轨探伤车

图5-11 GTC-80型钢轨探伤车

第二节　轨道车（Railcar）

轨道车（railcar）是铁路设备维修、大修、基建等施工部门执行任务的主要运输工具。轨道车分重型和轻型两种：轻型轨道车一般为两轴车，没有转向架，最高运行速度为60km/h，能由搭乘人员随时撤出线路；整车质量不大于3t，可以通过拖车载重，载重不大于2t，一般用于工厂内流转运输。重型轨道车一般采用两台两轴转向架，最高运行速度为120km/h，整车质量一般为38t，可随车搭载吊机进行施工作业，载重一般为3t，因自重比较大、不能由搭乘人员随时撤出线路，一般用于国铁及地铁线路。

一、重型轨道车（Heavy-duty Railcar）

重型轨道车用于国铁、地铁等轨道交通系统的牵引、调车及救援作业。该车普遍采用进口电喷发动机（EFI engine）及配套的液力-机械变速箱，具有可靠性高、噪声低、易于维护等优点。

重型轨道车主要功能是在大机段、车辆段或检修车库内，牵引其他车辆进行调车作业；牵引轨道平板（吊）车进行线路维修、养护等工务施工作业；牵引各型检测车（detection vehicle）、接触网作业车（overhead catenary inspection and maintenance vehicle）、水冲洗车等无动力车辆进行接触网（地铁第三轨）、隧道等的检测和维护作业；在事故、电网故障等情况下，可双机重联进行救援牵引作业。

GC-270型重型轨道车是机械传动形式的四轴轨道车，如图5-12所示。它的装机功率为268kW（364PS），最高运行速度为120 km/h。主要由车体、车架、柴油机、传动系统、走行系统、制动系统、电气系统及控制系统等组成。根据用户的需要，还可增加空调、电暖器、发电机等设备，也可增设成套的卧具、灶具和餐具，为长期远离站、段、基地的司机和工作人员创造一个舒适的工作和生活环境。

图5-12　GC-270型重型轨道车

二、起重型轨道车（Crane Railcar）

重型轨道车中的起重型轨道车主要用于在线路修理或接触网施工作业中的吊装作业，可吊装钢轨、道岔、桥梁和接触网支柱等较笨重的物品，也可兼作牵引动力（traction）。重型轨道车中的发电轨道车适用于铁路养护和铁路线路的机械维修，兼具牵引车辆和发电功能。

起重型轨道车的工作机构包括：起升机构（hoisting mechanism）、运行机构（operation mechanism）、变幅机构（amplitude changing mechanism）和旋转机构（rotating mechanism），被称为起重机的四大机构。

起重机通过某一机构的单独运动或多机构的组合运动，来达到搬运物料的目的。通过电气、液压系统控制操纵起重机各机构及整机的运动，进行各种起重作业。控制操纵系统包括各种操纵器（manipulator）、显示器及相关元件和线路，是人机对话的接口。安全人机学的要求在这里得到集中体现，该系统的状态直接关系到起重作业的质量、效率和安全。QGC-16 型轨道起重车如图 5-13 所示。

图 5-13　QGC-16 型轨道起重车

第三节　接触网作业车
(Overhead Catenary Inspection and Maintenance Vehicle)

接触网作业车主要用于电气化铁路（electrification railway）接触网的日常检修维护及作业后网络动态检测核实。

一、接触网检修作业车（Overhead Catenary Maintenance Vehicle）

驾驶室设在车体的前部，车后设置一个可升降旋转的检修平台（maintenance platform）；车顶可安装一套模拟受电弓，并可安装全数字式接触网检测装置，作为带电在线计算机检测设备，检修作业时快速检测接触线拉出值、平行线间距、线岔（overhead crossing）、弓网冲击硬点、导线高度、速度、里程等动态技术参数，受电弓（pantograph）配合导线时工作高度为5.1～6.8m（以轨面为基面）。

JW-4G型接触网检修作业车主要适用于标准轨距的新旧电气化接触网的日常维护、保养、检修、抢险等作业，也可兼做牵引车辆用。该车具有操纵轻便灵活，维护方便，使用寿命长，运行稳定性和平稳性好等优点。JW-4G型接触网作业车是新一代标准化的作业车，最高运行速度可达120km/h。标配安装有自动调平的全液压回转升降平台，当线路超高不超过180mm时，通过自动调平装置，使回转升降平台始终保持水平状态，高效率检修电气化铁路接触网，并为施工安全提供保障。

二、接触网架线车（Overhead Catenary Wire-laying Vehicle）

接触网架线车是专为电气化铁路接触网施工的承力索（bearing cable）和导线的放线而设计的专用车辆。接触网架线车主要由车架、放线装置、转向架、制动装置、液压系统组成。

三、接触网检测车（Overhead Catenary Inspection Vehicle）

接触网直接架设在铁路线路的上方，工作环境恶劣，而且没有备用接触网，一旦发生故障，电力机车、动车组就无法运行。运输中断会给国民经济造成重大损失，因此提高接触网的工作可靠性，建立完善的接触网检测系统，是一项非常重要的任务。在20世纪50年代初期，大多是采用携带式（hand-held）的检测设备。这种检测设备结构复杂，检测精度不高。检测时安装在专用的运输工具上，如轻便的绝缘梯车（insulated ladder）或轨道车上。随着运量的增大和行车速度的提高，它已远远不能满足要求。因此，自动化程度较高的接触网检测车就应运而生了。接触网检测车是目前最常用的接触网检测设备，在接触网参数检测中得到了广泛的应用。接触网检测车如图5-14所示。

图5-14 接触网检测车

四、绝缘子清洗车（Insulator Cleaning Vehicle）

绝缘子清洗车用于对电气化铁路接触网绝缘子进行带电或不带电冲洗，清洁高效。该车综合运用了高电压技术（high voltage technique）、变频技术（frequency conversion technology）、自动控制技术（automatic control engineering）、高压水射流技术（pressure water jet technology）、高压水旋转密封技术、水压技术和铁路运输等多学科、多领域的先进科学。绝缘子清洗车一般由轨道车牵引，利用天窗时间（skylight time），以 5～10km/h 的速度在行进中进行带电水冲洗作业，作业效率高，冲洗效果好，劳动强度低，防止季节性大面积污染事故。绝缘子清洗车如图 5-15 所示。

图 5-15 绝缘子清洗车

Word 专业词汇汉英对照（Glossary）

专业词汇	拼音	英文
工程车	gōngchéngchē	engineering vehicle
捣固车	dǎogùchē	tamping machine
动力稳定车	dònglì wěndìngchē	power stabilizing machine
配砟整形车	pèizhǎ zhěngxíngchē	ballast regulator machine
风冷柴油机	fēnglěng cháiyóujī	air cooled diesel
万向传动轴	wànxiàng chuándòngzhóu	cardan shaft
钢轨打磨车	gāngguǐ dǎmóchē	rail grinding machine

续表

专业词汇	拼音	英文
重型轨道车	zhòngxíng guǐdàochē	heavy-duty railcar
接触网作业车	jiēchùwǎng zuòyèchē	overhead catenary inspection and maintenance vehicle
高电压技术	gāodiànyā jìshù	high voltage technique
变频技术	biànpín jìshù	frequency conversion technology
自动控制技术	zìdòng kòngzhì jìshù	automatic control engineering

思考题（Questions）

（1）说明捣固机工作原理。

（2）清筛机的作用是什么？长期不进行清筛对铁路有什么影响？

（3）简述接触网作业车的分类以及作用。

拓展阅读（Extensive Reading）

铁路特种车辆（二）

一、救援车

救援车是在发生列车脱轨、颠覆和线路水害、塌方等事故时，用以排除线路障碍物和起复事故机车车辆的专用车列。通常由轨道吊车、平车、棚车和宿营车组成，由机车牵引。轨道吊车设有转臂起重机，由柴油机或蒸汽机提供动力，也可利用自备动力在轨道上作低速移动。平车在途中置放吊杆时作为货车使用，并可携带救援用的枕木、钢轨等。棚车用于存放备品和工具。宿营车供救援人员食宿和休息用。车列的排列顺序通常是：两端为轨道吊车，其次为平车，棚车和宿营车在中间。如果事故现场距救援车基地甚远，为便于联系和指挥，有时还配备轨道车。

二、试验车

试验车装有试验仪器设备，编组在列车内，用于在运行中测量和记录铁路机车车辆和线路的各项性能参数的车辆。试验车按不同用途有不同的名称。用于测试机车车辆各项振动参数和各部件动应力的称为动力学试验车；用于考察列车制动性能各有关参数的称为制动试验车；用于测量机车热工性能如输出功率、燃料和燃油消耗，以及牵引力等参数的称为牵引动力试验车。试验车上常用的仪器有各种示波记录装置、速度计、压力计、测力计、测功计等，以及其他各种传感器。设备完善的试验车上还可进行数据处理并可迅速取得供评价用的打印资料。试验车通常为客车型，有瞭望窗并备有电源和生活设施。

三、检查车

限界检查车用于检查和核对铁路桥梁、隧道等大型建筑物是否符合建筑限界的要求，以及确认某待运车辆能否安全通过特定区段的车辆。车上装有可调的触杆，在车辆横断面的高和宽方向均可伸出并进行检测。限界检查车通常用客车改成。

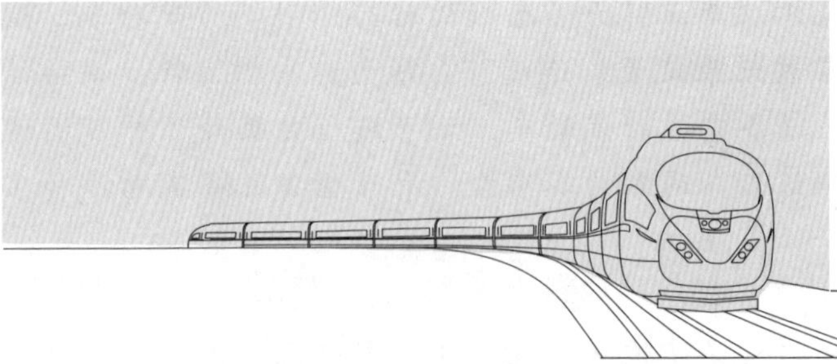

第 六 章

新型城市轨道交通车辆

New Urban Rail Transit Vehicle

新型城市轨道交通是指在城市内部铺设的区别于传统铁路的轨道交通运输系统。新型城市轨道交通没有明确定义，一般指轨道结构和车辆外形明显不同于标准铁路和常规列车的一类轮轨交通工具（运输系统）。传统城市轨道交通包括地铁系统、轻轨系统、有轨电车系统、单轨系统、市郊铁路系统、多站点的城际铁路等。新型城市轨道交通包括磁悬浮轨道交通、旅客自动捷运系统、智轨列车、市域快速铁路，经进一步改造后的高速铁路、城际快速铁路、地铁轻轨、轻便铁路、单轨（云轨）、齿轨铁路、有轨电车系统、机场快线等。新型城市轨道交通能够有效缓解城市道路的运输压力，有利于减少温室气体和其他有毒废气的排放，同时为旅客提供多元化的出行方式，加快城市内部和城际之间的交流沟通。

第一节　跨座式单轨（Straddle-type Monorail）

单轨（single-track）是一种车辆与特制轨道梁组合成一体运行的中运量轨道运输系统。轨道梁（track beam）不仅是车辆的承重结构，同时也是车辆运行的导向轨道。单轨主要分为跨座式单轨和悬挂式单轨（suspended monorail）。跨座式单轨的列车跨座在路轨之上，两旁盖过路轨；另一种悬挂式单轨铁路（也称空中轨道列车）的列车悬挂在轨道之下。

单轨交通的主要适用范围是连接大城市和卫星城（satellite city）之间的主要交通干线；作为城区通往机场（airport）、码头（wharf）、铁路干线（railway trunk）等对外交通枢纽中心的客运交通干线；大城市中心区与郊外大住宅之间的交通连接线；作为城市风景观光游览线的交通干线；博览会（exposition）、游乐场等处所的短途交通运输或观光线。

跨座式单轨是通过单根轨道支持、稳定和导向，车体采用橡胶轮胎（rubber tyre）骑在轨道梁上运行的轨道交通制式。跨座式单轨属于中等运量轨道交通系统（transit system），技术上的特点主要体现在车辆的转向架、轨道梁和线路道岔三方面，走行机理完全不同于车轮-钢轨系统，轨道梁承受较大的扭转载荷。就其性能而言，跨座式单轨具有适应性强、噪声低、转弯半径（turning radius）小、爬坡能力强，能更好适应复杂的地形地貌环境等特点。跨座式单轨在建设过程中投资少、周期短，智能环保、适用性强，其高架桥桥墩（bridge pier）宽度平均不到 2m，桥墩占地宽度比其他高架轨道交通节省近一半，在城市道路中央或道路两旁的绿化带即可立柱，占地面积小、遮挡少、选线灵活、对现有城市道路的交通干扰很轻微。跨座式单轨建设周期（construction period）仅为地铁（metro）的一半，造价成本仅为地铁的三分之一。跨座式单轨的速度可以达到每小时 80km。因此，承担主要通勤交通的单轨主要是跨座式单轨。跨座式单轨的应用案例十分广泛，如图 6-1～图 6-4 所示。

图 6-1　1996 年美国纽瓦克自由国际机场

图 6-2　2004 年美国拉斯维加斯

图 6-3　2015 年巴西圣保罗

图 6-4　2016 年沙特阿拉伯利雅得

跨座式单轨包括车辆系统、桥梁系统、供电系统、信号系统、道岔系统、车站、车辆段和控制中心等。本节主要介绍车辆系统、桥梁系统和道岔系统。

一、车辆系统（Vehicle System）

车辆系统由车体、转向架、牵引系统和制动系统等组成。车体安装在两个转向架上，是车辆的重要组成部分。单轨车辆根据设计要求具有 2 辆、4 辆、6 辆、8 辆等不同编组形式，分别适应不同运量要求。转向架作用包括支撑车体载荷，使车辆顺利通过曲线，传递制动力和牵引力，缓和振动冲击，确保车辆安全平稳运行。跨座式单轨转向架包括空气弹簧（air spring）、构架（bogie frame）、走行轮（running wheel）、导向轮、稳定轮、牵引装置、制动装置、液压减振器（hydraulic damper）等。跨座式单轨转向架有动力转向架和非动力转向架两种。动力转向架（active bogie）安装两台牵引电机（图 6-5），非动力转向架（driven bogie）未安装电机（图 6-6）。

图 6-5　动力转向架

图 6-6　非动力转向架

跨座式单轨采用橡胶轮胎，轮轨之间摩擦系数远大于钢轨，因此具有较大的爬坡能力。转向架橡胶轮胎包括走行轮、导向轮和稳定轮。走行轮起垂向支撑作用；导向轮和稳定轮在转向架的两侧，分别起到稳定和导向作用，保证车辆沿轨道梁安全平稳运行。转向架与车体之间通过中央悬挂装置连接，中央悬挂装置连接包括空气弹簧、中心销和液压减振器等。牵引系统包括异步牵引电机和齿轮箱，制动系统包括空气制动系统和再生制动系统。空气制动系统通过气液转换器将制动缸气压转换为液压，驱动制动夹钳夹紧制动盘提供制动力，将动能转化为摩擦热能，使车辆停止运行。再生制动系统通过将车辆动能转化为电能反馈给电网来降低车辆速度。

二、跨座式单轨桥梁系统（Straddle-type Monorail Bidge System）

跨座式单轨桥梁系统主要由轨道梁（track beam）、伸缩缝（expansion

joint)、铸钢拉力支座、疏散平台、盖梁（bent cap）、墩柱和基础组成。轨道梁是跨座式单轨系统的主要承重结构，也是车辆运行轨道，国内主要采用预制混凝土梁（precast concrete beam）现场安装。在两段轨道梁中间设置伸缩缝，通过接缝板相连接，保障车辆正常运行。

铸铁拉力支座是轨道梁的主要受力和传力机构，起到支撑垂向和水平载荷作用。疏散平台在出现紧急情况下可以作为乘客疏散通道，正常运行时可以作为检修通道。盖梁主要起到支撑桥梁上部结构作用，并将载荷传递给下部结构。墩柱作为承重结构承载上部结构，同时把载荷传递给基础。基础主要把整个桥梁载荷传递给地基。

三、跨座式单轨道岔系统（Straddle-type Monorail Turnout System）

跨座式单轨道岔系统是关键性技术，主要由机械系装置、驱动装置和控制装置组成。机械装置主要包括道岔梁（turnout beam）、指形接缝板（finger joint plate）、梁间连接装置（inter beam connection device）、锁定装置（locking device）、台车（trolley）、手动转换装置（hand switching device）、走行轨、安装底板（mounting plate）和道岔固定端转动装置（switch fixed end rotation device）。驱动装置包括转辙电动机安全离合器、转辙减速机（switch machine）、传动轴、旋转臂、回转臂头及导向滑槽等。控制装置包括电源控制柜（power control cabinet）、信号控制柜（signal control cabinet）、驱动控制柜、锁闭电动机、限位开关、挠曲电动机及各种连接电缆线等。

第二节　悬挂式单轨（Suspended Monorail）

悬挂式单轨是指使用单根轨道来支撑、稳定和导向，车体悬挂在轨道梁下方行驶的城市轨道交通系统。由于空轨将地面交通移至空中，在无须扩展城市现有公路设施的基础上可缓解城市交通难题。悬挂式单轨克服了其他轨道交通系统的弊病，在建造和运营方面具有很多突出的特点。

悬挂式单轨列车又被称为空轨或空中列车，是一种轻型、中速、中运量、低成本的新型公共交通方式。轨道梁在列车上方，列车悬挂在轨道梁上运行，最高速度可达 70km/h，车厢一般为 3～5 节。其车厢设计与地铁相似，但更小巧精致，单节车厢长 11m（地铁 22m），宽 2.4m（地铁 2.8m），可同时容纳 80～90 人，约为地铁单列容量的 1/3。悬挂式单轨列车每趟运量 300～400 人，每小时可承担客流 1 万人次，主要承担大城市郊区、中等城市及旅游景区的客流运输。

2017 年 7 月，国内最高速的悬挂式单轨列车在中车青岛四方机车车辆股份有限公司（简称中车四方）下线，正式进入型式试验（type test）和试运行阶段。据了解，该款列车具有超强爬坡能力，是普通地铁车辆爬坡能力的三倍以上。中车四方设计制造的悬挂式单轨列车，具有完全自主的知识产权，可实现

3～5 列的灵活编组，载客量可达到 300～510 人。列车设计最高速度 80km/h，最高运营速度为 70km/h，运行速度媲美地铁，是国内速度等级最高的空轨列车，其外部图片如图 6-7 所示。

图 6-7　悬挂式单轨列车

中铁科工集团在武汉江夏基地自主投资建造了一条近 1km 长的试验线（test line），并完成了“空轨”的设计、研发和制造，试运行场景如图 6-8 所示。

图 6-8　悬挂式单轨列车试运行

第三节　磁悬浮车辆（Magnetic Suspension Train）

磁悬浮列车是一种现代高科技轨道交通工具，它通过电磁力（electromagnetic force）实现列车与轨道之间的无接触的悬浮和导向，再利用直线电机（linear motor）产生的电磁力牵引列车运行。磁悬浮列车主要由悬浮系统（suspension system）、推进系统（propulsion system）和导向系统（guidance system）三大部分组成。磁悬浮列车分为高速和中低速两种类型。一般认为，高速磁悬浮适合远距离交通，中低速磁悬浮适合近距离交通。

中低速磁悬浮列车和高速磁悬浮列车的区别主要体现在驱动方式、导向方式和控制方式上。在驱动方式上，高速磁浮列车采用设置在轨面的长定子（long stator）直线同步电机（linear synchronous motor）驱动，实现了车、轨道和供电系统之间完全无接触，可有效消除高速运行时的摩擦噪声并解决了电机散热问题；中低速磁浮列车采用设置在车上的短定子直线异步电机（linear induction motor）驱动，由安装在轨道下方的供电轨和车上受流器接触供电。在导向方式上，高速磁浮列车有独立的导向电磁铁与导向轨，中低速磁浮列车采用电磁力自动对中导向。在控制方式上，高速磁浮列车由地面运控系统控制速度并进行安全防护，中低速磁浮列车由车上信号系统控制速度和安全防护。

一、高速磁悬浮列车（High Speed Magnetic Suspension Train）

高速磁悬浮列车是指用电磁力使车体悬浮在车道的导轨面上、由直线电动机驱动的车辆。它具有速度快、启动加速度大、爬坡能力强等优点，既可以在长大干线交通中发挥出速度优势，也适用于中短途快启快停应用，可大幅提升城市通勤效率，促进城市群、市域间的“一体化”“同城化”“通勤化”发展。高速磁悬浮列车最高速度可达到500km/h以上，是当今世界最快的地面客运交通工具。图6-9是当前可实现的速度最快的地面交通工具——高速磁悬浮列车。

图6-9 高速磁悬浮列车

上海磁悬浮列车，最高速度为430km/h。这条线路是从德国引进的首批磁悬浮列车，旨在连接上海浦东国际机场和龙阳路。磁浮上海示范运营线列车属常导高速电磁悬浮列车（high-speed electromagnetic suspension train），它是一种依据电磁相吸式原理，利用长定子直线同步电机产生的电磁悬浮力、导向力和驱动力，实现列车的支撑、导向、牵引和制动的新型无接触高速轨道交通系统，如图6-10所示。

图 6-10　上海磁悬浮列车

二、中低速磁悬浮列车（Medium and Low Speed Magnetic Suspension Train）

世界上的磁悬浮列车主要有两种“悬浮”形式，一种是推斥式（expulsion type），另一种为吸力式（suction type）。推斥式是利用两个磁铁（magnet）同极性相对而产生的排斥力，使列车悬浮起来。这种磁悬浮列车车厢的两侧，安装有磁场强大的超导电磁铁。车辆运行时，这种电磁铁的磁场切割轨道两侧安装的铝环，致使其中产生感应电流，同时产生一个同极性反磁场，并把车辆推离轨面在空中悬浮起来。但是车辆静止时，由于没有切割电势与电流，车辆不能产生悬浮，只能像飞机一样用轮子支撑车体。当车辆在直线电机的驱动下前进时，车辆处于悬浮状态，速度可达到 80km/h。吸力式是利用两个磁铁异性相吸的原理，将电磁铁置于轨道下方并固定在转向架上，两者之间产生一个强大的磁场、相互吸引，列车就能悬浮起来。这种吸力式磁悬浮列车无论是静止还是运动状态，都能保持稳定悬浮状态。我国自行开发的中低速磁悬浮列车为吸力式。

2016 年 5 月 6 日，我国首条具有完全自主知识产权的中低速磁悬浮商业运营示范线——长沙磁浮快线开通试运营，该线路也是世界上最长的中低速磁浮运营线。磁浮列车通过道岔时运行平稳，无振动、噪声等异常情况，得到了参与试车的业主及其他参建单位的一致好评。图 6-11 所示为长沙磁悬浮列车。

北京采用国防科技大学开发的技术建造了我国第二条中低速磁悬浮线路——北京地铁 S1 线。该线路于 2017 年 12 月 30 日开通，运行速度为 100km/h。北京地铁 S1 线，又称北京磁浮线，是北京首条中低速磁浮线路、我国第二条中低速磁悬浮线路，如图 6-12 所示。

图 6-11　长沙磁悬浮列车

图 6-12　北京磁悬浮列车

Word 专业词汇汉英对照（Glossary）

专业词汇	拼音	英文
跨座式单轨	kuàzuòshì dānguǐ	straddle-type monorail
悬挂式单轨	xuánguàshì dānguǐ	suspended monorail
轨道梁	guǐdàoliáng	track beam
跨座式单轨桥梁系统	kuàzuòshì dānguǐ qiáoliáng xìtǒng	straddle-type monorail bridge system
混凝土梁	hùnníngtǔliáng	precast concrete beam

续表

专业词汇	拼音	英文
磁悬浮车辆	cíxuánfú chēliàng	magnetic suspension train
悬浮系统	xuánfú xìtǒng	suspension system
推进系统	tuījìn xìtǒng	propulsion system
导向系统	dǎoxiàng xìtǒng	guidance system
直线同步电机	zhíxiàn tóngbù diànjī	linear synchronous motor
直线异步电机	zhíxiàn yìbù diànjī	linear induction motor

思考题（Questions）

（1）高速磁浮与中低速磁悬浮的差异有哪些？

（2）高速磁浮项目的实施有哪些益处？

（3）将下面英文翻译成中文。

Monorail is a kind of medium volume rail transportation system which is composed of vehicle and special track beam. The track beam is not only the bearing structure of vehicle, but also the guiding track of vehicle operation. Mainly divided into straddle monorail and suspended monorail. The suspended monorail train (also known as the air track train) is suspended under the track; Another more common is the straddle monorail, the train sit on the track, two sides cover the track.

Magnetically levitated train is a modern high-tech rail transport. It realizes the non-contact suspension and guidance between the train and the track through the electromagnetic force, and then uses the electromagnetic force generated by the linear motor to traction the train. The magnetically levitated train is mainly composed of suspension system, propulsion system and guidance system. Magnetically levitated train is divided into high speed and low speed two types. It is generally believed that high-speed magnetically levitated train is suitable for long-distance transportation, while medium-low speed magnetically levitated train is suitable for short-distance transportation.

拓展阅读（Extensive Reading）

每到假期，重庆市地铁2号线“李子坝轻轨穿楼”都会火一把，这两年，它已成为外地游客来重庆的打卡之地。不仅是周末和节假日，即便在平时上班时间，也有不少游客拿起相机，拍摄轻轨穿楼而过的画面。单轨车辆能够穿过楼房而不影响到楼内人员正常生活，主要靠的就是单轨车辆对周围环境影响较小的特点。单轨车辆采用低噪声和低振动设备，车轮为充气橡胶轮胎，并由空气弹簧支持整个车体，运行时噪声远远低于城区交通干线的噪声，平均声级为75.8dB。而普通地铁车辆并不适合如此设计，地铁除了噪声比轻轨大以外，承载量也远大于轻轨，如果穿越楼房，对近邻会有很大影响。

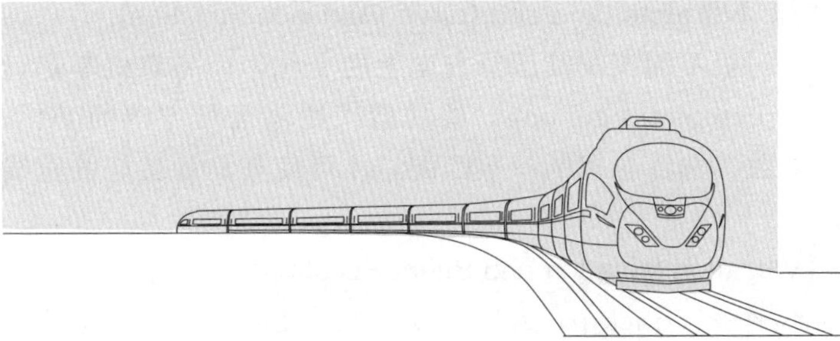

第 七 章

转向架

Bogie

转向架是轨道车辆结构中最为重要的部件之一，是车辆的走行部。转向架的主要作用是保证在正常运行条件下，车体能可靠地坐落在转向架上，通过轴承装置使车轮沿钢轨的滚动转化为车体沿线路运行的平动，同时支撑车体，承受并传递从车体至车轮之间或从轮轨至车体之间的各种载荷及作用力，并使轴重均匀分配，让车辆能灵活地沿直线运行及顺利地通过曲线。

第一节 机车转向架（Locomotive Bogie）

一、机车转向架的功能（Functions of Locomotive Bogie）

现代机车一般都采用转向架的结构形式。转向架在机车上相当于人体的两条腿，所以又称它为机车的走行部。转向架是机车不可缺少的重要组成部分，它所承担的任务和应发挥的功能可以概括为以下 5 个方面。

1. 牵引功能（Traction Function）

在给定的黏着重量（adhesive weight）下，机车转向架能良好地把轮轨接触处产生的轮周牵引力（traction force at wheel rim）传递给底架（underframe）、车钩缓冲装置，钩缓装置牵引其后面的列车前进。牵引功能是机车转向架最重要的功能，也是机车转向架与车辆转向架最主要的差异所在。

2. 支承和传递功能（Bearing and Transmission Function）

转向架不单在垂直方向承受机车的车体底架及上部设备的重量，并将它们均匀地传递给各轮对的车轮，还要在纵向和横向承受各轮轨间产生的牵引力、制动力和横向力。

3. **直线和曲线导向功能 (Straight Line and Curve Guidance Function)**

在轨道上行驶的机车，司机不能控制其运行方向上的变化，而是靠机车走行部本身所具有的自动导向（automatic guiding）的功能来适应运行方向的变化。机车转向架通过结构设计参数、选择合理的参数匹配，才可使其具备良好的直线和曲线运行的导向功能。

4. **隔振和缓冲功能 (Vibration Isolation and Buffer Function)**

钢轨总会存在一定的不平顺（track irregularity），使行驶中的机车产生冲击和振动，机车转向架必须具有缓和冲击、衰减和隔离振动的功能，以保证机车具有较好的运行平稳性和稳定性。对于速度较高的机车，冲击和振动将会加剧，必须采取更多的技术措施来实现转向架的这一功能。

5. **制动功能 (Braking Function)**

机车转向架一般都设有基础制动装置（basic braking device），由机车空气制动系统（air braking system）产生的压缩空气（compressed air）驱动而产生制动力，以便实现机车在规定的制动距离内停车的功能。当机车速度提高、机车总的重量增大后，合理的转向架制动功能技术难度将增大。

二、机车转向架的组成 (Composition of the Bogie)

机车转向架一般由下列几个主要部分组成。

1. **构架 (Bogie Frame)**

构架是连接转向架各部件的骨架，它要承受和传递垂向力、纵向力以及横向力，是连接转向架的各个部件及各种装置的骨架。

2. **轮对 (Wheelset)**

机车最终是靠轮对的旋转来实现在钢轨上的运行的。因此，轮对直接向钢轨传递机车重量，还要承受、传递轮轨间黏着产生的牵引力和制动力。

3. **轴箱 (Axle Box)**

轴箱是连接构架和轮对的活动关节，它的定位装置将保证轮对相对于构架处在设定的正常位置，还使轮对能适应线路和其他条件的变化，并产生相对于构架的上、下、左、右和前、后的活动。轴箱内设有轴承（bearing）来保证轮对的旋转。现代机车转向架的轴箱轴承，一般都采用滚动轴承（rolling bearing）。

4. **弹簧悬挂装置 (Spring Suspension)**

弹簧悬挂装置用来保证整车轴重均匀分配，缓和、衰减线路不平顺对机车的冲击和振动。针对不同用途的机车，转向架弹簧悬挂装置可设计成一系悬挂（primary suspension）（轴箱与构架之间）和二系悬挂（secondary suspension）（构架与车体之间），并应有适当的静挠度（static deflection），以保证机车运行的平稳性，减小机车对线路的动作用力。部分特殊机车会在车体、底架之间设置三系悬挂，即车体通过橡胶减振装置连接在底架上，此时悬挂装置需要进行优化、匹配计算，通常实际减振效果有限。

5. **转向架与车体连接装置（Bogie and Car Body Connecting Device）**

转向架与车体连接装置，用以传递车体与转向架间的垂向力和水平力，水平力包括牵引力或制动力这种纵向力，以及通过曲线时车体未平衡的离心力等横向力，并在机车通过曲线时使转向架能相对于车体回转。在较高速度的机车上，车体与转向架应是呈横向弹性连接（transverse elastic connection），以提高机车在水平方向的运行平稳性。转向架与车体的连接装置主要由转向架的牵引装置、横动装置、二系弹簧悬挂装置等组成。

6. **驱动机构（Drive Mechanism）**

驱动机构将机车动力装置的功率最终传递给轮对，使机车运行并产生牵引力。作为电传动机车，转向架的驱动机构由牵引电动机及其吊挂装置、齿轮箱和相应的驱动元件组成。由于牵引电动机吊挂结构的不同，可派生出许多不同结构形式的驱动机构。

7. **基础制动装置（Basic Braking Device）**

转向架上的基础制动装置是机车整个制动系统的执行机构。由压缩空气经制动缸产生的力经放大后传给闸瓦（braking shoe），使其压紧在车轮（或制动盘）上对机车进行制动，使机车在规定的距离内停车。根据结构布置的不同，基础制动装置可分为杠杆式、独立单元制动式；根据摩擦副（friction pair）的不同，又可分为踏面制动、轮盘制动、轴盘制动等多种型式。

三、HXN5 型机车转向架（HXN5 Locomotive Bogie）

HXN5 型内燃机车转向架是在 2006 年从美国 GE 公司进口用于青藏铁路的 NJ2 型内燃机车转向架基础上改进的，为单独驱动的三根动轴、传统导框式轴箱定位（axle box positioning）、焊接构架（welding bogie frame）、浮动中心销（floating traction pin）牵引的无摇枕转向架（bogie without bolster），其总体结构如图 7-1 所示。

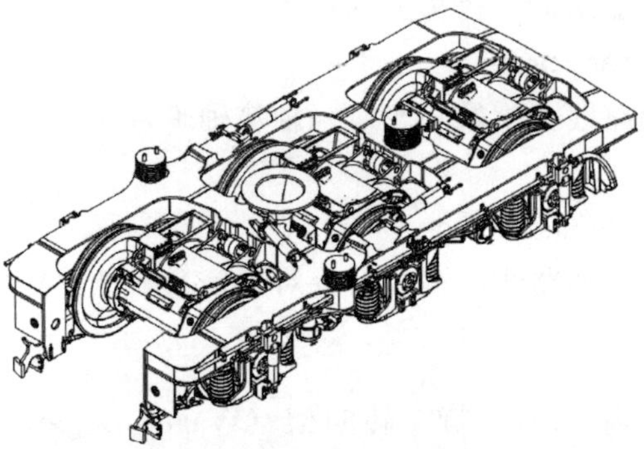

图 7-1　HXN5 型机车转向架

图 7-2 是 HXN5 型机车转向架各部件示意图，主要部件有构架、轴箱及其定位结构、弹簧悬挂及减振器、轮对电机驱动装置（wheelset motor drive device）、牵引装置、基础制动装置、附件（轮缘润滑装置、扫石器、撒砂装置）等组成。

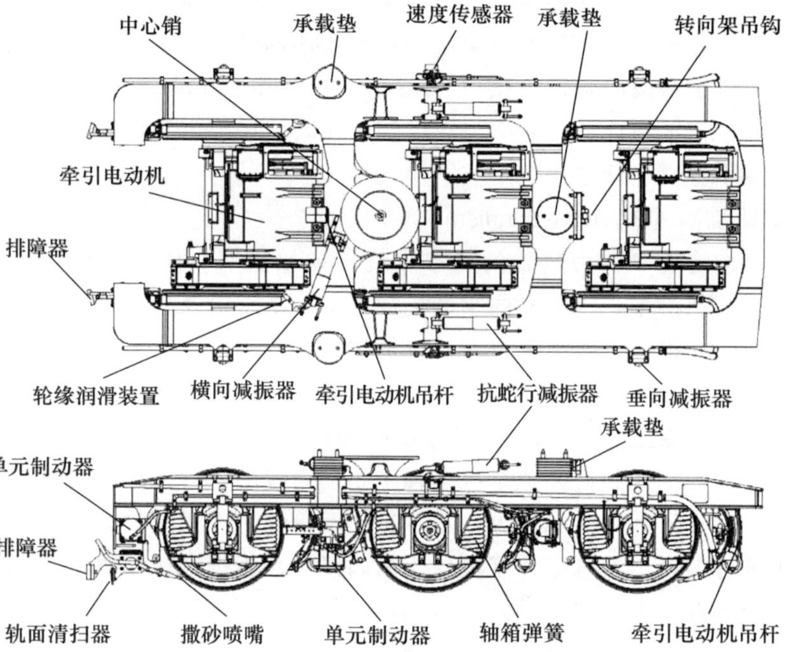

图 7-2　HXN5 型机车转向架各部件示意图

HXN5 型机车转向架所受各种力的传递路线如下：

1. **垂向力**（Vertical Force）

车体及其设备的重力传递路线：车体→旁承→构架→轴箱弹簧→轴箱及轴→车轴轴颈→车轮→钢轨。

钢轨不平顺导致作用于车轮的垂向冲击力与上述重力的传递方向相反，垂向冲击力经弹簧及减振器缓冲后再传递到车体。

2. **横向力**（Lateral Force）

横向轮轨力传递路线：钢轨→轮对→轴箱轴承→导框→构架→牵引销（traction pin）→车体。

3. **纵向力**（Longitudinal Force）

牵引力或制动力传递路线：钢轨→轮对→轴箱轴承→导框→构架→牵引销→车体。

第二节　货车转向架（Wagon Bogie）

货车的走行部分称之为货车转向架，车体质量支撑其上并可与车体相互转动。承受和传递车辆在运行中的各种动载荷及轮轨间的作用力；能保证货车在规定速度范围内安全地在直线和曲线区段上运行，并具有良好的运行品质和足够的可靠性及安全性；传递牵引力并能实施车辆制动功能，确保行车安全。下面就以转 K2 型转向架为例来介绍货车转向架。

转 K2 型转向架适用于标准轨距、轴重 21t、运营速度 120km/h 及以下的各型铁路货车。转 K2 型转向架为铸钢三大件式货车转向架。采用变摩擦减振装置(variable friction damping device）和中央枕簧悬挂系统（central bolster spring suspension system)，摇枕弹簧为二级刚度；两侧架之间加装弹性下交叉支撑装置；采用直径为 355mm 的下心盘，下心盘内安装心盘磨耗盘；采用双作用常接触弹性旁承；采用 21t 轴重的各型双列圆锥滚子轴承（taper roller bearing)，如：352226X2-2RZ 型和 SKF197726 型轴承，采用直径 840mm 的辗钢整体车轮或铸钢车轮；基础制动装置为中拉杆式单侧闸瓦制动装置，采用 L-B 型组合式制动梁、高摩合成闸瓦。转 K2 型转向架示意图如图 7-3、图 7-4 所示。

图 7-3　转 K2 型转向架平、立、剖面示意图

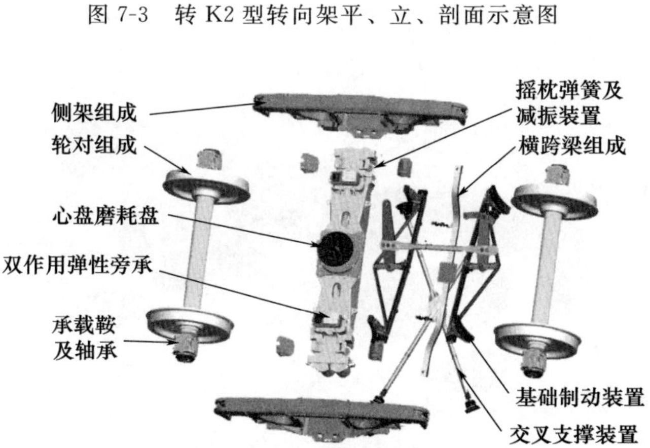

图 7-4　转 K2 型转向架示意图

1. **轮对组成**

轮对组装符合 TB/T 1718.2 的要求，车轮为符合 TB/T 2817《铁道货车用辗钢整体车轮》的辗钢整体车轮或符合 TB/T 1013《碳素钢铸钢车轮》的碳素钢铸钢车轮，车轮的最大残余不平衡值不大于 125g·m，同一辆车必须装用同一型号的车轮。采用 RD2 型车轴，车轴材质为 LZW 钢，应符合 TB/T 2945 的要求。

2. **滚动轴承**

滚动轴承（rolling bearing）采用能适应提速要求的 21t 轴重双列圆锥滚动轴承。同一轮对必须装用同一型号的轴承。轮对组成及滚动轴承示意图如图 7-5 所示。

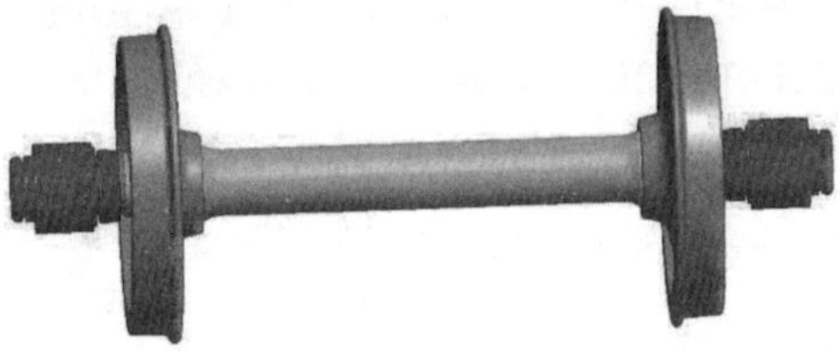

图 7-5　轮对组成及滚动轴承示意图

3. **侧架组成**

侧架组成由侧架（side frame）、支撑座（supporting pedestal）、立柱磨耗板（column wearing plate）、滑槽磨耗板（braking beam spout wearing plate）等零部件组成。侧架组成示意图如图 7-6 所示。侧架采用 B 级或 B+级钢铸造。在侧架立柱上安装磨耗板，磨耗板与侧架立柱采用折头螺栓（purpose made locking head bolt）连接，磨耗板材质为 45 号钢。侧架滑槽装卡入式滑槽磨耗板，磨耗板材质为 T10。在侧架上焊装左、右支撑座，支撑座采用锻造工艺制造，材质为 Q235D。侧架导框里侧安装挡键，保证转向架在吊运过程中轮对不与转向架分离。

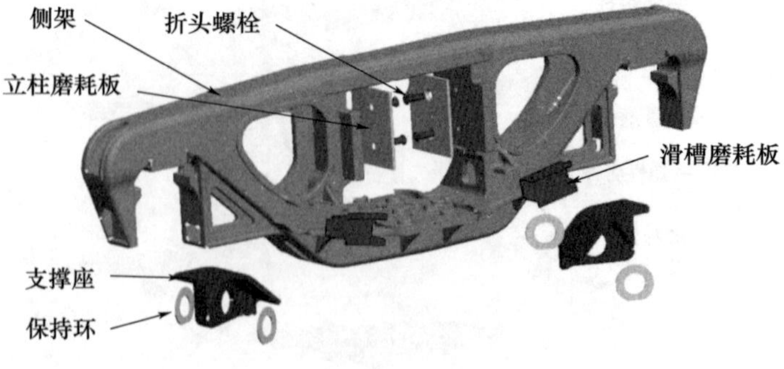

图 7-6　侧架组成示意图

4. **摇枕组成**

摇枕系统组成由摇枕（bolster）、下心盘（bogie center plate）、斜面磨耗板（bolster friction wearing plate）、固定杠杆支点座等零部件组成。摇枕组成示意图如图 7-7 所示。

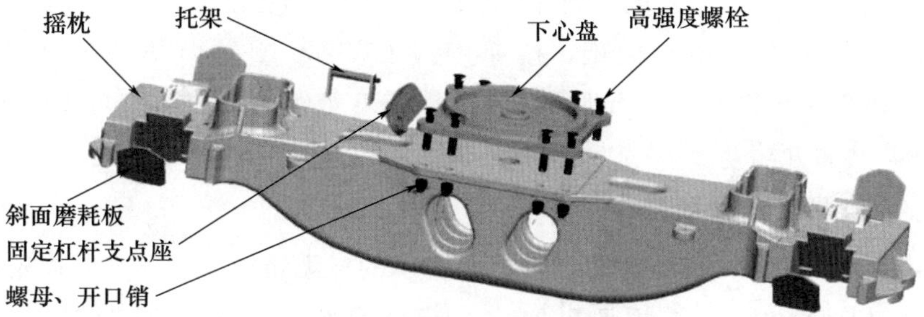

图 7-7 摇枕组成示意图

摇枕采用 B 级或 B+级钢铸造。下心盘直径为 355mm，采用 10.9 级螺栓和 10 级防松螺母与摇枕下心盘面连接。摇枕端部斜楔槽内斜面上安装斜面磨耗板，斜面磨耗板的材质为 06Cr19Ni10（旧牌号 0Cr18Ni9）。下心盘安装心盘磨耗盘，心盘磨耗盘材质为尼龙。

5. **中央弹簧悬挂系统及减振装置**（Central Spring Suspension System and Vibration Reduction Device）

转向架中央弹簧由外圆弹簧、内圆弹簧组成。弹簧材质为 60Si2CrVAT。为适应不同自重的车型，中央悬挂系统弹簧参数及排布不同。转向架减振装置由斜楔（taper wedge）（组合式斜楔或整体斜楔）、减振弹簧组成。减振弹簧材质为 60Si2CrVAT，斜楔材质为贝氏体球墨铸铁（ADI）。中央弹簧悬挂系统及减振装置示意图如图 7-8 所示。

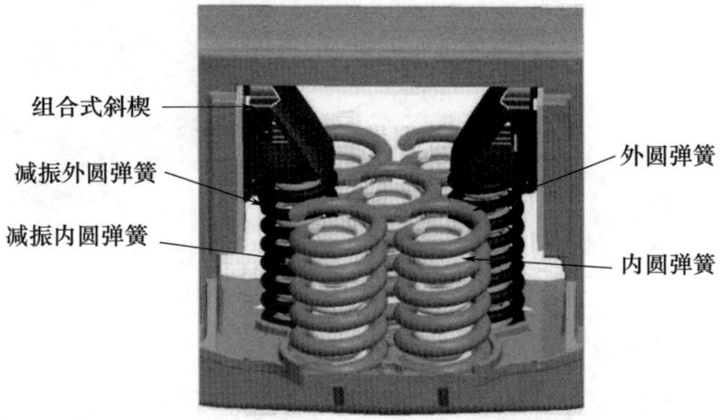

图 7-8 中央弹簧悬挂系统及减振装置示意图

第三节　客车转向架（Passenger Vehicle Bogie）

CW-200型转向架是我国在借鉴各国先进转向架基础上，自主研制开发的转向架，在研制过程中得到了中国铁道科学研究院集团有限公司和各铁路院校的技术支持。该型转向架经历十余年的研制开发、试制生产、型式试验、正线试验，现已完善成熟，成为我国主型转向架，按速度级CW-200型转向架分为300km/h、200km/h、160km/h和120km/h四种。本节以速度等级为160km/h的CW-200K型转向架为例进行介绍。

一、主要性能参数和尺寸

该转向架采用无摇枕、无摇动台、无旁承的三无结构。车体与转向架间通过牵引拉杆（traction rod）传递纵向力，并且安装了抗蛇行减振器（anti-yaw damper）；中央悬挂采用空气弹簧；轴箱悬挂采用转臂式定位，并安装垂向减振器；基础制动采用盘式制动装置，每轴2个制动盘。

二、构架组成（Bogie Frame）

构架为H形焊接结构，由两侧梁和两横梁组成，两横梁间有纵向架。侧梁中间为下凹的鱼腹形（fish-bellied），用4块钢板组焊采用箱形封闭断面，侧梁内有密封隔板，使侧梁内腔成为空气弹簧的附加空气室。横梁采用日本进口无缝钢管（seamless steel pipe）外径为ϕ165.2mm、壁厚为14.3mm，或国产无缝钢管外径为ϕ165.2mm、壁厚为20mm。各种吊座均焊在构架上，通过优化设计，在保证足够强度和刚度的基础上，尽量减轻质量。CW-200K转向架组成如图7-9所示。

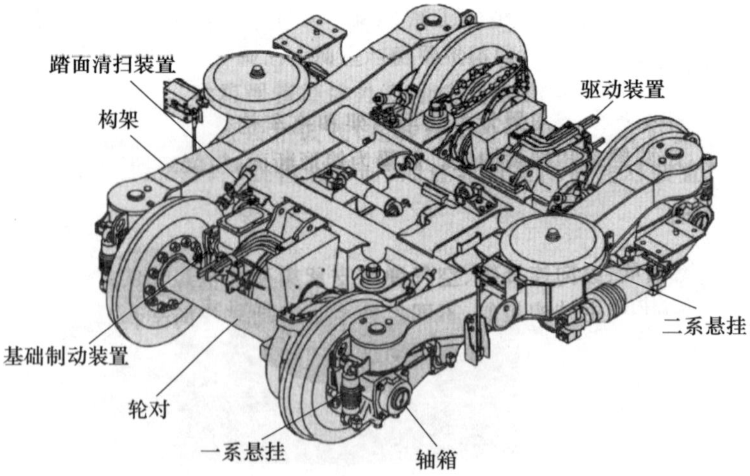

图7-9　CW-200K转向架组成

1. **结构特点**

采用转臂式定位（rotary arm type axle box positioning）装置，纵向和横向定位刚度靠橡胶节点来保证，橡胶节点（rubber joint）的组装方式为从转臂端部压装。轴箱定位装置采用分体式结构，转臂和箍整体加工，分解时较为方便，把箍和转臂间螺栓打开即可把轮对推出。轴箱定位装置包括轮对组成、弹簧装置、轴端安装、轴箱减振器、节点装置和转臂。

2. **轮对组成**

采用 RD3A1 车轴，每轴 2 个制动盘，制动盘（braking disc）冷压到车轴制动盘安装座上。采用 KKD 表面全加工整体辗钢车轮或进口车轮，踏面采用铁标磨耗型（worn-type）LM 踏面。轮对组装完成后进行动平衡试验，满足动不平衡量小于 50g·m 的要求，动平衡校正采用去重法，提高了高速运行时的安全性和可靠性。

3. **弹簧装置**

弹簧（spring）为内、外圈，上部设有 1 个带孔的螺母，使用时需穿开口销（split pin）。

4. **轴端安装**

在 2 位、4 位、6 位、8 位轴端上安装防滑器测速齿轮，相应的轴箱前盖留有观察孔和传感器安装孔座，1 位、3 位轴端安装碳刷接地装置。为适应 160km/h 的速度要求，轴承选用进口 SKF 或 NSK 轴承。润滑脂为铁道Ⅲ型脂，轴箱为金属迷宫式密封结构。

5. **定位节点装置**

节点装置包括两个橡胶节点、转轴、转轴套和盖形螺母（box nut）。一系定位的纵向刚度和横向刚度是由橡胶节点决定的，同一转向架各位置节点刚度值应作原始记录，相差值应≤0.2MN/m。

6. **中央悬挂装置**

中央悬挂（central suspension）为无摇枕结构，采用高柔性，横向变位可达 110mm 以上的空气弹簧，空气弹簧内部带有节流阀（throttle valve），替代阻尼器起减振作用。两侧设两个横向减振器（阻尼系数为 25kN·s/m），两个横向挡，横向挡与小纵向梁的间隙为（40±2）mm，车体与转向架间装有两个对称的抗蛇行减振器（卸荷速度 0.04m/s 时最大阻尼力为 10kN），使车辆具有更高的速度，可减小轮缘磨耗和悬挂系统的作用力，提高车辆运行稳定性和平稳性。

高度调整阀（height adjusting valve）和差压阀（differential valve）采用日本进口 NABCO 产品。在两个附加空气室（侧梁兼做附加空气室）之间设有带压差阀的通路，在空气弹簧一侧压力过高的情况下起作用，开启压差为 120kPa。每个空气簧有一个高度控制阀（height-control valve），用于维持车体在不同静载荷下都与轨面保持一定的高度。牵引装置（tractive connecting rod assembly）为单拉杆结构，牵引拉杆一端与车体上的牵引支座相联，一端与横梁上的牵引座相联。牵引装置给悬挂系统的附加横向刚度很小，不影响空气弹簧的横向刚度。

构架与车体间还装有抗侧滚扭杆（anti-rolling torsion bar），抗侧滚扭杆由扭杆、扭臂连杆、支承座、纤维轴承及球关节轴承等组成。当车体发生侧滚时，通过连杆、扭臂的传递使扭杆发生扭转变形（torsional deformation）。从而限制车体的侧滚角度（Roll angle），而车体浮沉振动时，扭杆不发生扭转，对车体不产生作用力，整体结构简单，便于维修。

第四节　动车组转向架（EMU Bogie）

中车青岛四方机车车辆股份有限公司生产的速度为 250km/h 的动车组（CRH2A 头型）转向架型号为 SWMB-250，拖车转向架型号为 SWTB-250。动车转向架和拖车转向架的主要结构基本一致，采用 H 形构架、无摇枕、空心轴轮对、铸钢轴箱体（journal box body）、铝合金前盖和铸铝整体齿轮箱结构，两者均为无摇枕转向架。另外，为满足动车组统型的要求，拖车转向架每轴设 1 个停放制动夹钳，轴箱体和齿轮箱设实时温度传感器（temperature sensor），闸片安装接口符合 UIC 标准。其主要参数见表 7-1。

表 7-1　转向架主要参数

转向架形式	动车转向架 SWMB-250	拖车转向架 SWTB-250
转向架质量	7.28t	一般转向架：6.65t 头车转向架：6.75t
固定轴距	2500mm	
车轮直径	新轮 ϕ860mm（最小使用直径 ϕ790mm）	
轴承中间间距	2000mm	
转向架最大长度	3416mm	一般转向架：3416mm 头车转向架：3566mm
转向架最大宽度	3102mm（两空气弹簧最大横向距离）	
空气弹簧左右间隔	2460mm	
空气弹簧有效直径	ϕ520mm	
驱动方式	平行挠性齿轮连轴节， 1 级减速齿轮方式	—
齿轮比	85/28＝3.036	—
轴箱轴承	整体自密封双列圆锥滚子轴承	
制动方式	空气制动，轮盘方式	空气制动，轮盘与轴盘并用方式

续表

制动夹钳装置	RAKK Type18	RZKK Type12
制动倍率	8.46	
闸片	浮动式粉末冶金闸片	
轴箱定位方式	转臂式（轴梁式）轮对轴箱定位	

（1）轮对（wheelset）

为检修探伤（flaw detection）操作方便及减轻质量，采用了合金钢空心车轴；车轮直径为 ϕ860mm；制动采用盘式制动；动车转向架采用轮盘方式（wheel-disc braking）；拖车转向架采用轮盘和轴盘并用方式。

（2）轴箱轴承（axle box bearing）

使用整体自密封式的双列圆锥滚子轴承（油脂润滑方式），以此可减轻质量、降低维修的频度。

（3）轴箱定位装置（axle box positioning）

采用整体转臂式（rotary-arm type）轴箱定位方式，以此来减轻磨耗并简化调整方法，从而达到降低维修频度及减轻其质量的目的。

（4）牵引装置

牵引装置为单连杆方式（single-link mode），以此来可减轻质量及降低维修的频度。

（5）基础制动装置

采用 RZKK 型气动式制动（atmospheric braking）夹钳以及浮动式闸片，可以使制动力分布更为均匀，有效地减少热斑（heat spot）、颤振（flutter），并可以进一步减轻质量。

一、各种车型转向架的速度传感器配置（Speed Sensor Configuration of Various Bogies）

动车转向架的配置，因由安装在牵引电机（traction motor）上的 PG 传感器来获得信号，所以轴端（shaft end）没有配置速度传感器。中间车辆用的拖车转向架由配置在 2 位、4 位、6 位和 8 位轴端的 AG37 速度传感器来获得检测滑行用的速度信号。两端车头车用的拖车转向架的 2 位和 8 位轴端除 AG37 之外，在 4 位和 6 位轴端配置了 ATC 用速度传感器 AG43，在 1 位和 7 位配置了 LKJ2000 用速度传感器。

二、转向架结构（Bogie Structure）

动车转向架主要由构架、轮对组成、轴箱定位装置、一系悬挂、二系悬挂、牵引驱动装置（traction drive device）、基础制动装置和踏面清扫（tread cleaning）装置等八部分组成，分别装用于动车组的第 2 号、3 号、6 号和 7 号车，具体结构如图 7-10 所示。

图 7-10　动车转向架

拖车转向架可分为中间转向架（middle bogie）和端部转向架两类，两者结构基本相同，主要由构架、轮对组成、轴箱定位装置、一系悬挂、二系悬挂、基础制动装置、踏面清扫装置和速度传感器安装等部分组成。具体结构如图 7-11 所示。拖车转向架用于动车组的第 1 号、4 号、5 号和 8 号车。

图 7-11　拖车转向架

三、转向架构架（Bogie Frame）

构架为钢板焊接结构，主体框架呈 H 形，由两侧梁、横梁、纵向连接梁（longitudinal connection beam）、空气弹簧支承梁及其他焊接附件构成。侧梁为箱形断面（box beam section），横梁采用无缝钢管（seamless steel pipe）型材。

1. 侧梁（Side Beam）

动车转向架和拖车转向架的构架侧梁为同一结构。其材质为用于焊接结构的耐候钢板，牌号为 SMA490BW。侧梁端部轴箱弹簧筒（axle box spring tube），使之与侧梁主体相连接的断面形成柔滑面（soft sliding surface），以此达到减缓应力集中的目标。

2. 横梁（Transom）

采用与侧梁相同牌号的耐候管材。侧面设有空气弹簧座，其内腔为空气弹簧用的辅助空气室（auxiliary air chamber）。另外，只有辅助空气室部分为密封结构。动车转向架的横梁上焊有压型钢板制成的牵引电机吊座（traction motor pedestal）、齿轮箱吊座（gear-box bracket）、轮盘制动吊座（disc braking bracket）等。靠车端方向的牵引电机座还兼作牵引装置的单牵引拉杆座。拖车转向架的横梁上焊有压型钢板制成的制动吊座、轮盘制动吊座等。与动车转向架一样，近车端处为单拉杆座。

3. 轮对

轮对主要包括车轮、车轴、制动盘（轮盘和轴盘）、齿轮箱及轴承等。轮对分为动力轮对（M 轮对）和拖车轮对（T 轮对），M 轮对一侧安装齿轮箱装置，而 T 轮对则代之以两套轴盘。此外，T 轮对因轴端安装不同速度传感器齿轮而略显差异。轮对组成后，需逐个进行动平衡试验，超出限度时，需对两侧车轮及制动盘的组装相位角（phase angle）进行调整。

Word 专业词汇汉英对照（Glossary）

专业词汇	拼音	英文
自动导向	zìdòng dǎoxiàng	automatic guiding
圆锥滚子轴承	yuánzhuī gǔnzi zhóuchéng	taper roller bearing
隔振和缓冲功能	gézhèn hé huǎnchōng gōngnéng	vibration isolation and buffer function
轮对	lúnduì	wheelset
轴箱	zhóuxiāng	axle box
弹簧悬挂装置	tánhuáng xuánguà zhuāngzhì	spring suspension
一系悬挂	yīxì xuánguà	primary suspension
二系悬挂	èrxì xuánguà	secondary suspension
基础制动装置	jīchǔ zhìdòng zhuāngzhì	basic braking device
轮对电机驱动装置	lúnduì diànjī qūdòng zhuāngzhì	wheelset motor drive device
牵引销	qiānyǐnxiāo	traction pin

思 考 题（Questions）

（1）动力转向架与非动力转向架的主要区别有哪些？

(2) 动车组制动方式有哪些？选择制动方式的原理是什么？

(3) 举例说明客车转向架与货车转向架在结构和特点上的区别。

拓展阅读（Extensive Reading）

目前，我国铁路货运中大量运用的转8A转向架就是三大件式2D轴转向架。这种转向架簧下质量大，两侧架通过摇枕、斜楔连接，配合松弛，抗菱形变形刚度小，临界速度不高。需要在现有的基础上进行改进，才能满足提高轴重、提高运行速度的要求。针对这种转向架的不足之处，有多种改进方案，其中正在实施的一种方案是交叉拉杆式三大件转向架，这种转向架是在两侧架间增设弹性交叉拉杆，借此增加侧架与摇枕的配合，在保留转向架的均载性能的前提下，增大转向架抗菱形变形的刚度。在侧架导框与轴箱承载鞍间增设橡胶垫，用以加强轮对的弹性定位，且减小转向架的簧下质量。采用轮径为840mm、磨耗型踏面的车轮、ϕ370mm的大心盘及低摩擦系数的超高分子的合成材料的心盘衬垫、常接触弹性旁承。还有一种被称为2E轴摆动式转向架，其结构特点与转8A转向架的主要区别在于：(1) 轴型不同，2E轴摆动式转向架采用的轴型为RE2型，且心盘直径较大为ϕ375mm；(2) 2E轴摆动式转向架在承载鞍上设置比较耐磨的摆动块，改平面接触为圆弧面接触；(3) 2E轴摆动式转向架在枕簧与侧架间增加了摆动台，与转8A转向架相比，其在抗菱形变形方面的刚度有所增加。

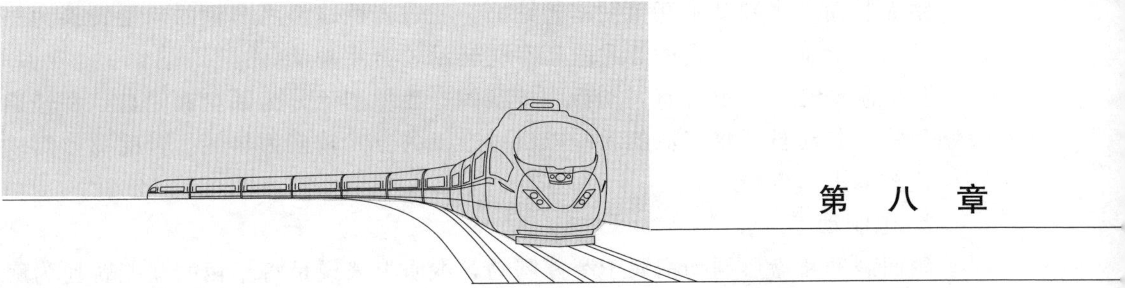

第　八　章

制动系统

Braking System

第一节　制动基本概念及制动方式
(Basic Concept of Braking and Braking Mode)

一、制动基本概念

车辆制动是人为地制止列车的运动，包括使它减速、不加速或停止运行。对已制动的列车或机车解除或减弱其制动作用，则称为“缓解”（release）。为施行制动和缓解而安装在列车上的一整套系统，总称为列车“制动系统”。由制动系统引起的与列车运行方向相反的外力，称为制动力（braking force）。

二、制动力产生及常用制动方式（Braking Force Generation and Common Braking Mode）

制动力的产生有多种方式，轨道车辆制动从本质上来说，分为黏着制动（adhesion braking）和非黏着制动（non-adhesion braking）。按照制动的实现方式可分为摩擦制动（friction braking）、电制动（electric braking）、涡流制动（eddy-current braking）、磁轨制动（electromagnetic rail braking）。而在这么多种制动方式中，目前主流使用的是摩擦制动（包括踏面制动和盘形制动）和电制动。

1. 摩擦制动

摩擦制动的核心是依靠车轮踏面或制动盘与闸瓦之间的摩擦力而产生制动作用，目前主要有踏面制动（tread braking）和盘形制动（disc braking）两种形式。

踏面制动是将制动闸瓦紧贴车轮踏面，通过机械摩擦将车辆的动能转换为热能。其本质上是通过一定的方式阻碍车轮转动，产生制动。

盘形制动是专门设置有制动盘用于摩擦。盘形制动分为轴盘和轮盘，都是通过闸片紧贴制动盘，将车辆的动能以机械摩擦的方式转换为热能。目前盘形制动在高速车辆上运用较多。

2. **电制动**

踏面制动和盘形制动都属于摩擦制动，本质上来说是将车辆的动能转换为摩擦的热能损耗掉。随着电机控制技术的发展，出现了一种新型的制动方式——电制动。电制动分为电阻制动（rheostatic braking）和再生制动（regenerative braking）。

电阻制动又称动态制动，广泛应用于电力机车。在列车需要减速或停车时，停止给原来驱动车轮的牵引电动机供电，同时将一个电阻器接入牵引电动机。列车失去动力后，由于惯性力，仍将继续前进，带动牵引电动机转动，将原来驱动车轮的牵引电动机转变为发电机。原来消耗电能的牵引电动机继续转动，转变为输出电能，从而产生一个与牵引电动机原来的转动方向相反的反转力矩。这个反转力矩的大小与列车速度成正比，消耗列车的动能，产生制动作用。牵引电动机转变为发电机后发出的电流通过专门设置的电阻器，使电阻器发热。电阻制动把反馈不回去的电能用电阻器发热的形式消耗掉。

再生制动是在电阻制动的基础上进一步发展而成的一种制动方式，将电阻制动过程发出的电能反馈回电气化铁路供电网，使本来由电能变成的动能再生为电能，得到再循环使用，而不是变成无用的热能消散掉。

三、制动系统组成（Braking System Composition）

制动系统是指产生制动作用的整套装置，机车、车辆制动系统通常包括风源系统、制动机、基础制动装置、停放制动（驻车制动装置）及空气系统辅助装置。

1. **制动机（Braking Device）**

机车、车辆制动机按照控制方式分为空气制动机、电空制动机。空气制动机是通过操纵机械阀，以压缩空气作为产生制动原动力来实现制动、缓解和保压等作用。常用的空气制动机有 JZ-7 制动机（运用于机车）、车辆 120 制动机（运用于车辆）等。

电空制动机是用电来操纵制动、缓解和保压等作用，以压缩空气作为产生制动原动力的制动机，在电控系统发生故障时，一般都能自动转为空气操纵。相对于空气制动机来说，电空制动机的主要优点为全列车制动和缓解的一致性较好，列车制动或缓解的纵向冲击小，制动距离也短。列车越长，速度越高，电空制动机的这种优点就越明显。常用的电空制动机有 DK-1 制动机、DK-2 制动机、

CCBⅡ制动机等。

2. 基础制动装置（Basic Braking Device）

基础制动装置是指机车车辆制动装置（vehicle braking device）中确保行车安全的最重要的措施之一，作用是把充入制动缸的压缩空气在活塞上产生的推动力增大若干倍以后均匀地传给各个闸瓦，使之压紧车轮而产生制动作用。它最基本的功能是吸收制动动能并将之转化为热能散发到空气中。目前基础制动装置大致可分为三类：第一类是由踏面和闸瓦组成摩擦副的踏面制动；第二类是由制动盘和闸片组成摩擦副的盘形制动；第三类是由制动缸活塞推杆之后至闸瓦以及其间一系列杠杆、拉杆、制动梁等传动部分（也包括闸瓦间隙自动调整器）所组成的踏面制动装置。

3. 停放制动装置（Parking Braking Device）

停放制动装置是用于机车、车辆长时间停驻，防止溜车设置的制动装置。常用的停放制动装置主要为手制动机、滑轮、制动杠杆、闸瓦（闸片）等组成的停放制动装置和带有停放功能的单元制动器、闸瓦（闸片）组成的停放制动装置两种。

4. 空气系统辅助装置（Air System Auxiliary Device）

为了改善机车运行条件，制动系统除了设置以上装置外，还设有辅助装置。它由撒砂器、风喇叭、刮雨器等辅助装置，以及辅助装置的控制装置、塞门和管子组成。撒砂装置用于机车启动或紧急制动时向钢轨表面撒砂，以提高黏着力，防止机车空转或滑行；风喇叭用于行车信号，分高音和低音两种，其结构除喇叭筒长短不同外，其余完全相同；刮雨器安装于司机室两侧前窗，以便于在雨雾天气刮去前窗玻璃上的水滴使司机能够正常瞭望，确保行车安全。

第二节 机车制动系统（Locomotive Braking System）

机车制动系统由风源系统、电空（空气）制动机、基础制动装置、停放制动（驻车制动装置）及辅助装置等组成。本节主要对风源系统及机车两种常用的电空制动机进行介绍。

一、风源系统（Air Source System）

风源系统是机车空气管路系统的基础，它负责生产并提供全车气动器械以及机车、列车制动机所需的高质量的、洁净的和稳定的压缩空气。风源系统一般由空气压缩机组、空气干燥器、压力控制器、总风缸、止回阀、启动电空阀、高压安全阀、塞门以及连接钢管等组成，原理示意图如图 8-1 所示。

机车通过空气压缩机组 43、44 产生压缩空气，压缩空气通过空气干燥器 49 干燥、净化后进入总风缸 90～93；此外，风源装置还包括压力控制器，逆流止回阀 50，高压安全阀 45、46，启动电空阀 YV29、YV30 以及连接管路等。

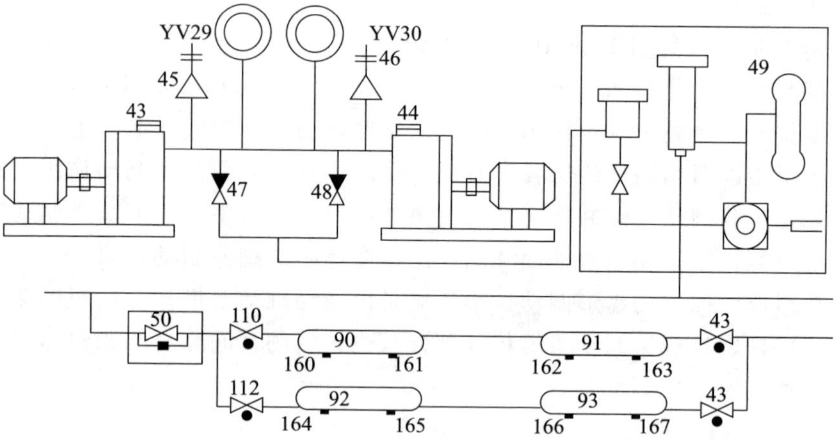

图 8-1 风源系统原理示意图

43、44—空气压缩机组；45、46—高压安全阀；
47、48—止回阀；49—空气干燥器；50—逆流止回阀；90～93—总风缸

1. 空气压缩机（Air Compressor）

空气压缩机用于生产具有较高压力的压缩空气，供全车空气管路系统使用。根据机车供风需求及冗余设计的要求，一些车通常会设置两个空气压缩机以满足整车供风及冗余要求。常用的空气压缩机分为活塞式空气压缩机和螺杆式空气压缩机两类。

2. 空气干燥器（Air Dryer）

空气干燥器用于去除主压缩机组生产的压缩空气中的油、水、尘及机械杂质等杂物。机车常用的干燥器为双塔吸附式干燥器（adsorption dryer）和膜式干燥器（membrane dryer）两种。

双塔吸附式干燥器的其中一个塔用于吸附空气中的水分，另一个塔则用于再生吸附剂。当湿空气通过吸附塔时，吸附剂会将其中的水分吸附。当吸附剂饱和时，需要将其再生。再生的过程是通过将热空气流过吸附剂，将其中吸附的水分蒸发出来，再生时可经排泄口将过滤芯下面的水滴、油滴及尘埃等排向干燥器外部，从而为下一次吸附做准备，如图 8-2 所示。

膜式干燥器是根据水分子通过聚合物时的选择性渗透来去除气流中的水气，尽管水分子与氢、氦相比有较重的分子比重，但它们在聚合物中有高的溶解性能，使得它比其他气体能更快渗透，因此膜式干燥器也可以称为分子过滤器。当压缩空气通过膜式干燥器的时候，由于有浓度差，水分子渗透过高分子膜在膜外层富集，干燥的压缩空气通过反吹空气孔将膜外侧的水分子吹到大气中，这样膜两侧就有持续的浓度差，使得膜式干燥器能够连续不断地干燥压缩空气。

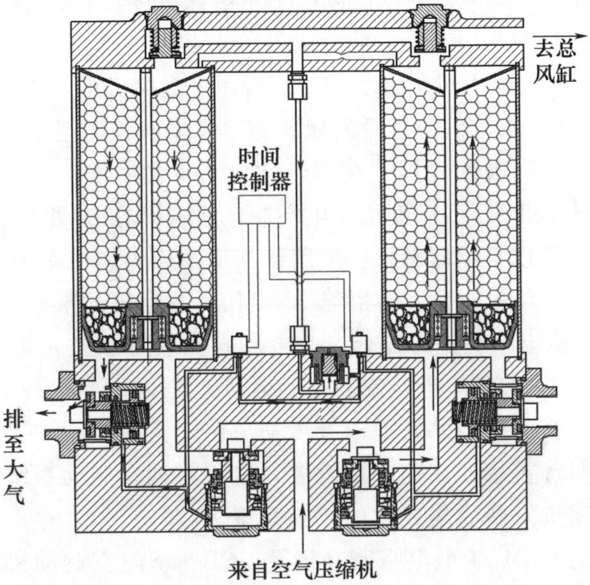

图 8-2　双塔式空气干燥器工作原理示意图

3. **总风缸**（Main Air Reservoir）

总风缸又称主风缸，用来贮存压缩空气。

4. **压力控制器**（Pressure Controller）

压力控制器又称空气压力调节器，用于根据总风缸压力的变化，自动控制空气压缩机的工作，使总风缸压缩空气的压力保持在一定范围内。机车总风压力通常设置为750～900kPa。当机车总风缸内压力降至低于750kPa时，压力控制器闭合电源，压缩机组工作，向总风缸充气。当总风缸内压力大于900kPa时，控制器切断压缩机电源，压缩机组停止工作。

5. **高压安全阀**（High-pressure Safety Valve）

当机车总风缸压力达950kPa时，高压安全阀开启，保证空气压力不超过规定值。

6. **启动电空阀**（Electro-pneumatic Valve）

启动电空阀用于减小主压缩机组在启动过程中的启动负载，以保证主空气压缩机组顺利起动。

7. **止回阀**（Check Valve）

止回阀47、48和逆流止回阀50控制压缩空气单向流动，用于限制压缩空气的流动方向，以防止压缩空气向主空气压缩机气缸内逆流。

二、电空制动机（Electro-pneumatic Braking Device）

制动机是机车的重要组成部分。我国机车制动机的发展与牵引动力的变革息息相关。在蒸汽牵引为主的年代里，仅适应于单端操纵的 ET-6 型机车空气制动机成为机车制动机。20 世纪 60 年代初期，由 ET-6 型演变成适应双端操纵的 EL-14A 型机车空气制动机首先在电力机车上装用，然后用于内燃机车，从而改变了长期单一使用 ET-6 型机车空气制动机的落后面貌。为适应中国铁路运输的需求，机车制动技术相应地也取得了突破性发展。在 20 世纪 70 年代后期，我国相继研制成功了 JZ-7 型机车空气制动机和 DK-1 型机车电空制动机，并在 20 世纪 80 年代初期开始批量装车使用。其中 JZ-7 型制动机主要用于东风系列内燃机车上，DK-1 型制动机主要用于韶山系列电力机车上。20 世纪 90 年代，制动机的重联、列车电空制动控制、与列车运行监控记录装置的配合、空电联合制动等新技术也逐步在 JZ-7 型机车空气制动机和 DK-1 型机车电空制动机上得到广泛应用。

随着我国铁路牵引动力的发展以及以交流传动为核心的先进技术在机车上的应用，牵引列车朝着重载、高速方向发展，这就对列车制动系统提出了更新更高的要求：制动机逐步发展成集成化的控制系统。

现对广泛应用的 DK-1 型电空制动机及 CCBⅡ型电空制动机的组成及原理进行介绍。

（一）DK-1 型电空制动机（DK-1 Electro-pneumatic Braking Device）

1. DK-1 型电空制动机的主要特点

（1）准、快、轻

减压量准确，充风快，制动阀操纵轻巧灵活。

（2）结构简单、便于掌握、便于维修

（3）多重性安全措施

对于机车而言，首先考虑的是制动机的安全可靠性。为此，在系统设计上采用了失电制动，即一旦电气线路出现故障而失电，便能自行转入常用制动；其次是设置故障转换机构，以确保在电气部分出现故障时，轻易地实现电转空控制，以传统的空气制动方式继续运行。

2. DK-1 型电空制动机的组成

（1）电空制动控制器（electro-pneumatic braking controller）

电空制动控制器，俗称“大闸”，是 DK-1 型电空制动控制器的操纵部件，用来控制全列车的制动和缓解。控制器的六个工作位置，按逆时针排列顺序依次为：过充位、运转位、中立位、制动位、重联位和紧急位。控制手柄可以并且只能在重联位取出。

（2）空气制动阀（air-braking valve）

空气制动阀，俗称“小闸”“单阀”，用它来单独操纵机车的制动和缓解。按逆时针排列顺序依次为缓解位、运转位、中立位和制动位。通过其上的电-空转换拔杆转换后，可以操纵全列车的制动与缓解。另外手把下压可以单独缓解机车的制动压力。

(3) 电空阀 (electropneumatic valve)

电空阀受电空制动控制器的控制，用于接通或切断有关气路。设有过充、中立、排1、排2、制动、缓解、重联、与机车辅助系统管路共用的撒砂等电空阀。

(4) 中继阀 (relay valve)

DK-1型制动机的中继阀为双阀口式中继阀，双阀口式中继阀是操纵电空制动控制器时的中间控制部件，它根据均衡风缸的压力变化来控制制动管的压力变化，实现制动管的充、排气。制动管也称为列车管。

(5) 分配阀 (distributing valve)

DK-1型制动机用的分配阀是109型分配阀，它与客货车104阀是一个系列的产品，通用性、经济性、继承性很好。分配阀根据制动管的压力变化而动作，并接受空气制动阀的控制，向机车制动缸充气或排气，使得机车得到制动、保压和缓解作用。

(6) 电动放风阀 (electric blow down valve)

电动放风阀主要受电空制动控制器和自停装置的控制，直接将制动管的压缩空气快速排出大气，使机车产生紧急制动作用。

(7) 紧急阀 (emergency valve)

紧急阀在制动管的压力快速下降时动作，加速制动管的排风，同时接通列车分离保护电路，使列车紧急制动的作用更可靠。

(8) 压力开关 (pressure switch)

压力开关用于均衡风缸压力变化时进行电路的转换，设有两个压力开关，分别满足制动管最小和最大减压量的控制需要。

(9) 转换阀 (conversion valve)

转换阀是一种手动操纵阀，通过它进行管路转换，其中一个串联在两个初制风缸中间，以使在不同的制动管定压下达到满意的初制动效果；另一个串接在电空制动屏均衡管与均衡风缸之间，在电空部件出现故障影响均衡风缸的充排气时，切除电空制动屏均衡管。

(10) 重联阀 (double-heading valve)

重联阀主要由本-补转换阀部、重联阀部、制动缸遮断塞部以及阀体、管座等组成，连接管路包括作用管、平均管、总风联管及制动缸管。重联阀不仅可以使同型号机车制动机重联，也能与其他类型机车重联使用，以便实现多机牵引。重联阀可使重联机车制动机的制动、缓解作用与本务机车协调一致。在重联运行中，一旦发生机车分离，重联阀将自动保持制动缸压力，并使重联机车制动机恢复到本车机车制动机的工作状态，便于操纵列车，起到分离后的保护作用。当机车作为本务机车时，需将转换按钮置于“本机位”；当机车作为重联机车时，需将转换按钮置于“补机位”。

（11）调压阀（pressure-regulating valve）

调压阀是为满足机车制动机给定压强的要求并保证稳定供给而设置的，是气动元件的通用件。通过调整调压阀手轮压缩调压阀内部调整弹簧，调整弹簧带动中央膜板下凹，进而带动阀杆顶开下方进风阀口，左侧通入的压缩空气可经过进气阀口P1 由右侧 P2 流出，同时，经下阀体上的平衡小孔进入膜板下方的中央气室。压强逐渐增高，膜板上下压差逐渐减小，膜板趋于平衡，进气阀口逐渐减小。当输出压强与给定压强相等时，进气阀口关闭。给定的压强值可以通过手轮来调整：顺时针为增高，反之为降低。输出压强因泄漏而下降时调压阀会自动给予补充；输出压强高于给定值时，膜板上凸，多余的压缩空气可由溢流阀口排出，恢复到给定值。

3. DK-1 型电空制动机的控制关系（DK-1 Braking Control Relationship）

DK-1 型电空制动机的工作分两种工况：电空位（正常位）工作时，通过操纵电空制动控制器（或空气制动阀）可以控制、实施全列车（机车）的制动与缓解；空气位（即故障位）工作时，通过操纵空气制动阀可以控制、实施全列车的制动与缓解。其中各大主要部件的控制关系如下：

（1）电空位

①控制全列车

电空制动控制器→电空阀→均衡风缸→中继阀→列车管压力变化

↗ 机车分配阀→机车制动缸

↘ 车辆制动机

②控制机车

空气制动阀→作用管→机车分配阀→机车制动缸。

（2）空气位

①控制全列车

空气制动阀→均衡风缸→中继阀→列车管压力变化

↗ 机车分配阀→机车制动缸

↘ 车辆制动机

②控制机车

空气制动阀（手柄下压）→作用管→机车分配阀→机车制动缸。

（3）重联机车

本务机车制动缸→本务机车重联阀→平均管→重联机车重联阀→重联机车作用管→重联机车分配阀→重联机车制动缸。

（二）CCBⅡ型电空制动机（CCBⅡ Electro-pneumatic Braking Device）

为了提高铁路的运输能力，我国铁路近几年通过技术引进、技术合作，一直在向高速、重载的方向发展。我国引进了目前国际上较先进的机车用CCBⅡ型微机控制制动系统，用于HXD系列大功率交流传动电力机车上。本套制动系统是基于网络的电空空气制动系统。

CCBⅡ型制动机是目前世界上较为先进的制动机，尤其适用于牵引重载列车的机车使用。CCBⅡ型制动系统是第二代微机控制制动系统，是基于微处理器的电空制动控制系统，为在干线客运和货运机车上使用而设计。该制动系统除了紧急制动作用外，所有逻辑都是由微机控制的。

1. CCBⅡ型电空制动机的组成

CCBⅡ型电空制动机包含5个主要组成部分：LCDM制动显示屏、EPCU电空控制单元、X-IPM集成处理器模块、EBV电子制动阀、RIM继电器接口模块。

（1）LCDM制动显示屏

制动显示屏位于司机室操纵台左侧，外观如图8-3所示。制动显示屏是CCBⅡ型制动机的主要显示和操作装置。它由10.4寸液晶显示器、下方8个功能键和左侧3个亮度调节键组成。功能键用来实现操作菜单的选择及制动功能的锁定；操作菜单可以用中文或英文来显示。

图8-3 LCDM制动显示屏

为方便司机操作，在HXD3型电力机车上配有两台LCDM，每一个司机室内设有一台。当一个司机室的LCDM得电后，其信号送到制动系统主机(IPM)，主机根据此信号激活对应的司机室的制动阀EBV，使其控制机车的制动系统；而另外一个司机室的LCDM没有上电，其制动阀EBV没有被激活。制动屏在机车正常操作时，实时显示了均衡风缸、制动管、总风缸和制动缸的压力值，也实时显示制动管充风流量和空气制动模式的当前状况。

通过显示屏还可以实时显示制动机故障信息，并将其记录。LCDM制动显示屏显示界面如图8-4所示。

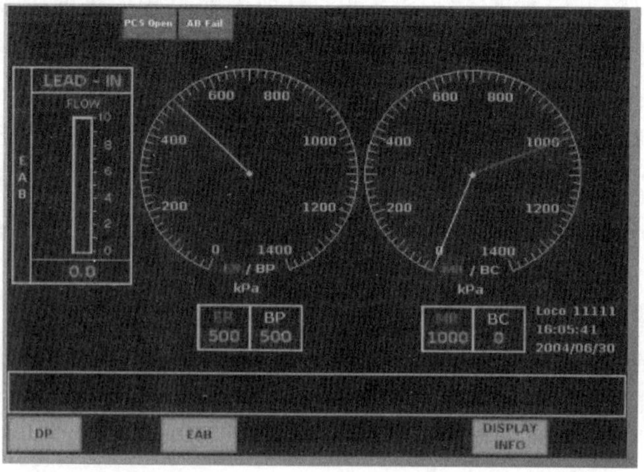

图 8-4　LCDM 制动显示屏显示界面

通过显示屏还可以对制动机进行如下操作：可对制动机各模块进行自检，可以进行本机/补机状态、均衡风缸压力设定、制动管投入/切除、客车/货车模式、补风/不补风、风表值标定、故障查询等功能的选择和应用。

（2）EPCU 电空控制单元

安装在机车制动设备间的电空控制单元（EPCU）是由电空阀和空气阀组成，用来控制机车空气管路压力，外形如图 8-5 所示。它是制动系统的执行部件，所有电空阀和空气阀集成到 8 个线路，可更换模块，它们是：

①制动管控制部分（BPCP）：接收来自 ERCP 模块控制的均衡风缸的压力，由内部 BP 阀响应其变化并快速产生与均衡风缸具有相同压力的制动管的压力。

②均衡风缸控制部分（ERCP）：本务机车状态时，根据自动制动手柄位置产生均衡风缸压力来提供制动管控制压力。

③13 控制部分（13CP）：实现单独缓解机车制动缸压力的功能，相当于 DK-1 制动机下小闸的作用。

④16 控制部分（16CP）：响应制动管的减压量、平均管压力、单缓指令，产生制动缸管的控制压力，相当于 DK-1 制动机分配阀的主阀的作用。

⑤20 控制部分（20CP）：通过响应制动管减压量、小闸及单缓指令产生平均管压力。

⑥制动缸控制部分（BCCP）：响应 16CP 压力变化，产生机车制动缸压力。

⑦DB 三通阀：响应制动管的减压量产生制动缸管的控制压力，可以作为 16CP 的备份。

⑧电源接线盒（PSJB）：内置电源，为 CCBⅡ型制动机供电（110V 转换到 24V），在外部具有多个接插件，允许 EPCU、EBV、X-IPM、RIM 相互连接。

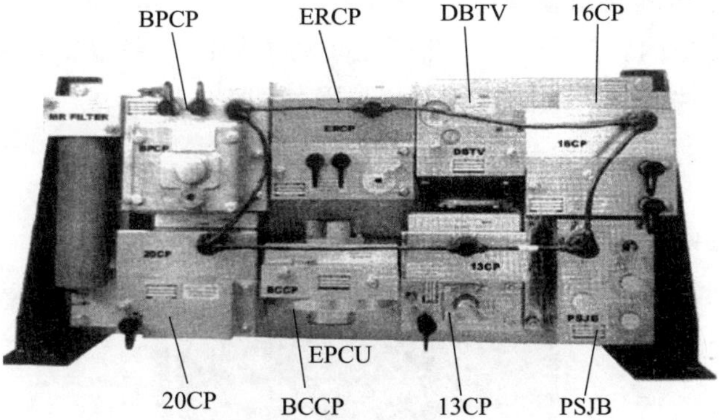

图 8-5　EPCU 电空控制单元

（3）X-IPM 集成处理器模块

CCBⅡ的主机是集成处理器模块（IPM），安装在机车制动控制柜，执行所有到列车微机接口。通过网络和 EPCU、EBV 通信，通过电缆线和 LCDM 通信，提供二进制输出，驱动机车继电器。

（4）EBV 电子制动阀

电子制动阀是 CCBⅡ型制动机的人机接口，外形如图 8-6 所示。操作者通过电子制动阀直接给电空控制单元（EPCU）发送指令，并通知微处理器（IPM）进行逻辑控制。电子制动阀采用水平安装结构。自动制动手柄位于左侧，单独制动手柄位于右侧，中间为手柄位置的指示标牌。在 EBV 内部有一个机械阀，当自动控制制动手柄置于紧急制动位时机械阀动作，以保证机车车辆在任何状态下均能产生紧急制动作用。自动制动手柄和单独制动手柄均采用推拉式操作方式，并具有自保压特性。自动制动手柄含有运转位、初制动位、全制动位、抑制位、重联位和紧急制动位等操作位置。通过侧压单独制动手柄可以实现机车的单独缓解功能。

图 8-6　EBV 电子制动阀

（5）RIM 继电器接口模块

安装在制动柜内，是 IPM 和机车之间动力切除、警报、紧急撒砂、空气制动切除以及惩罚性制动的继电器接口，外形如图 8-7 所示。

图 8-7　RIM 继电器接口模块

信号输入部分包括由安全装置产生的惩罚制动和紧急制动、A/B 司机端操作激活信号、动力制动投入信号、MREP 压力开关工作状态信号、机车速度信号。

信号输出部分包括紧急制动、PCS 开关切除、撒砂开关动作、动力制动切除、重联机车故障。

（6）电源箱 PJB

电源接线盒（PJB）是一个变压器，它向 EPCU 和其他可能扩展的装置提供 110V 直流电压，并将机车蓄电池的公称电压 110V 直流转变成 66V 直流供 X-IPM 使用。

（7）电缆箱 CJB

双司机室机车安装一个通信连接盒（CJB），如图 8-8 所示。这种通信连接盒能够为两端司机室的 EBV 和 LCDM 分离通信线。

图 8-8　电缆箱

2. CCBⅡ型电空制动机的控制关系（CCBⅡ electro-pneumatic braking control relationship）

（1）主要部件控制关系

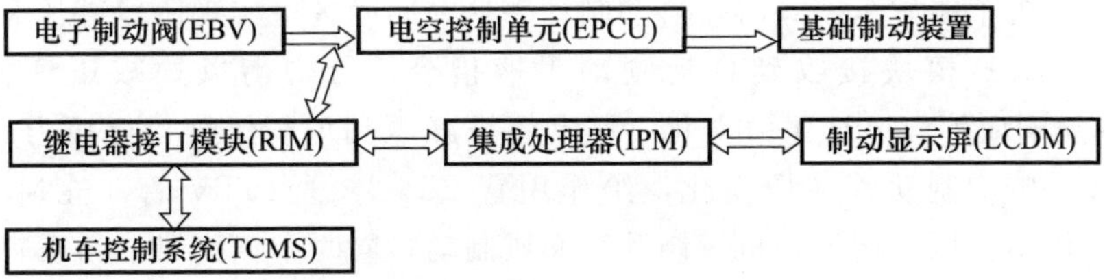

在上图各部件中，EBV、EPCU、RIM、IPM之间通过LON网线进行通信，IPM、LCDM之间通过RS422数据线进行通信，TCMS、RIM通过开关模拟量进行通信。

（2）气路控制关系

控制列车：

控制机车：

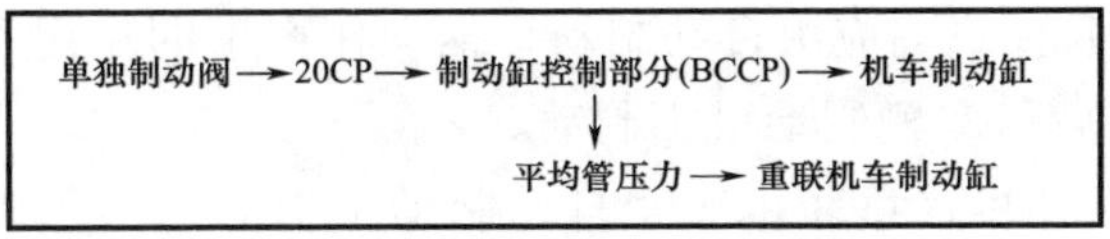

3. CCBⅡ型气路的综合作用

机车制动机的综合作用习惯上是根据自动制动手柄和单独制动手柄各位置的变换（该变换是由操纵列车或机车实际运行情况而决定）而确定的机车制动机各主要部件之间的相互关系和作用规律。

（1）自动制动作用

自动制动作用，即CCBⅡ型制动机的单独制动手柄，位于运转位，操纵本机的自动制动手柄在运转位或制动区，观察本机及重联机车的各主要部件的相互作用关系。

本机-运转位：该位置是列车在运行过程中自动制动手柄常放位置，是向全列车初充风、再充风缓解列车制动以及列车正常运用所采用的位置。ERCP模块接收到自动制动手柄指令，给均衡风缸充风到设定值；BPCP模块响应均衡风缸压力变化，制动管被充风到均衡风缸设定压力；16CP/DBTV模块响应制动管压力变化，将作用管（16号管/16TV管）压力排放；BCCP模块响应作用管压力变化，机车制动缸排风缓解；同时车辆副风缸充风，车辆制动机缓解。

本机-制动位：该位置是操纵列车常用制动，是列车正常缓慢停车或调整运行速度所使用的位置，包括初制动位和全制动位，两者之间是制动区。自动制动手柄在制动区的停留位置决定了均衡风缸的减压量，达到目标减压量后，均衡风缸自保压。机车在货车模式时，自动制动手柄在制动区可实现阶段减压和阶段缓解作用。ERCP 模块接收到自动制动手柄指令，给均衡风缸减压到目标值；BPCP 模块响应均衡风缸压力变化，制动管被减压到均衡风缸目标压力；16CP/DBTV 模块响应制动管减压变化，给作用管（16 号管/16TV 管）充风；BCCP 模块响应作用管压力增加，机车制动缸充风制动；同时车辆副风缸给车辆制动缸充风，车辆制动机制动。

紧急位：该位置是列车运行过程中紧急停车所使用的位置。一旦自动制动手柄放置在此位置，制动管迅速减压到零，均衡风缸以常用制动速率减压到零，16CP 模块响应制动管减压变化，迅速给作用管（16 号管）充风到最大允许压力，BCCP 模块响应作用管压力增加，给机车制动缸充风产生紧急制动作用；同时车辆副风缸给车辆制动缸充风，车辆制动机制动。

自动制动的单缓：列车实施制动后认为有必要单独降低机车制动力时使用的位置，需要通过单独制动手柄侧压来帮助实现此功能。单独制动手柄侧压，13CP 模块响应该指令，给 13 号管充风，控制 DBTV 模块中的 16TV 作用管减压；同时 16CP 模块和 20CP 模块也响应该指令，允许 16 号作用管和 20 号平均管进行减压；BCCP 模块响应由自动制动手柄动作产生的作用管压力减少，允许机车制动缸排风缓解；车辆制动机仍制动。

补机-运转位：补机（重联机车）自动制动手柄应用销子固定在重联位，单独制动手柄应放置在运转位。此位置为本机机车在运转位时，补机（重联机车）受机车间制动管软管、总风软管、平均软管压力控制而发生作用的位置，其缓解应和本机同步。本机制动管充风，平均管压力排空，制动作用缓解。补机（重联机车）接收制动管压力增高的变化，通过 DBTV 模块将 16TV 作用管风压排空，同时给补机副风缸充风；补机接收平均管压力排空的变化，通过 BCCP 将制动缸压力排空，补机缓解。

补机-制动位：此位置为本机机车在制动位时，补机（重联机车）受机车间制动管软管、总风软管、平均软管压力控制而发生作用的位置，其制动应和本机同步。本机制动管减压，平均管、作用管增压，机车制动缸充风产生制动作用。补机接收制动管压力减少的变化，通过 DBTV 模块停止制动管给辅助风缸充风，并将辅助风缸的风压传送到 16TV 作用管；补机接收平均管压力增高的变化，通过 BCCP 给制动缸充风，补机制动。

（2）单独制动作用

单独制动作用，即操纵本机的单独制动手柄在运转位或制动区，观察本机及重联机车的各主要部件的相互作用关系。该作用用于单独操纵机车的制动、缓解。

(3) 空气备份

当机车制动系统 EPCU 中 ERCP 或 16CP 模块出现故障时，制动系统自动转换到空气模式，使其仍可继续工作。

(4) 无火回送

机车无动力回送中，由于其空气压缩机无电停止使用，此时必须开放机车无动力装置。无动力装置由 DE 无动力塞门、DER 压力调整阀、C2 充风节流孔、CV 单向止回阀等部分组成，集成于 ERCP 模块中，连接机车的制动管与总风管之间。当开通无动力塞门后，制动管内压缩空气经 DE 无动力塞门、DER 压力调整阀、C2 充风节流孔、CV 单向止回阀将调整后的空气压力充入总风缸。此时总风缸在机车制动机系统中，相当于车辆的副风缸。

无火回送的空气作用原理同空气备份相同，但总风缸压力较低，约为 220kPa。

第三节　货车空气制动机 (Wagon Air Braking Device)

目前，我国货车使用的制动机主要是 120 型空气制动机，还有少量的是 GK 型和 103 型空气制动机。本节主要介绍 120 型空气制动机。

一、120 型空气制动机 (120 Type Air Braking Device)

120 型空气制动机是在 103 型空气制动机的基础上，吸收国外先进制动机技术，并结合我国实际情况研制而成，因采用 120 型空气控制阀 (air management valve) (简称 120 阀) 而得名。其总体结构如图 8-9 所示，由 120 阀、副风缸 (auxiliary air reservoir)、加速缓解风缸 (accelerated release air reservoir)、制动缸 (braking cylinder)、球芯截断塞门和集尘器联合体 (ball type cut-out cock combined dirt collector)、空重车调整装置 (empty/load state adjustment device)、制动主管 (braking main pipe)、制动支管 (braking branch pipe)、球芯折角塞门 (ball type angle cock) 及制动软管 (braking hose) 等组成。

120 型空气制动机的主要部件如下：

1. 制动管 (Braking Pipe)

制动管是机车、车辆上贯通压缩空气的通路。贯通底架全长管路的为制动主管 (braking main pipe)。在制动主管中部，用丁字形接头分接出一根管路连通控制阀，称为制动支管。

2. 制动软管 (Braking Hose)

制动软管连接相邻各车辆的制动管，并使车辆通过曲线或车辆互相伸缩时保证压缩空气的畅通。它的一端装有接头可与制动主管连接器 (connector) 相连，另一端装有软管连接器，如图 8-10 所示 (带卡子的软管属于旧型软管)。

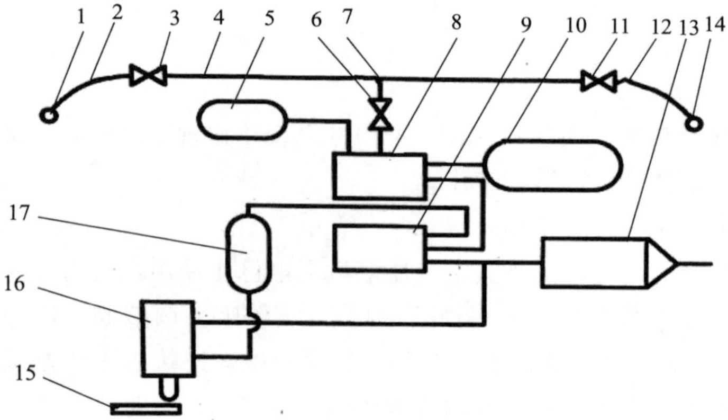

图 8-9 自动空气制动机制动作用示意

1、14—制动软管连接器；2、12—制动软管；3、11—球芯折角塞门；4—制动管；5—加速缓解风缸；6—截断塞门和远心集尘器组合装置；7—制动支管；8—120 型控制阀；9—比例阀；10—副风缸；13—制动缸；15—接触板；16—空重车阀；17—降压气室

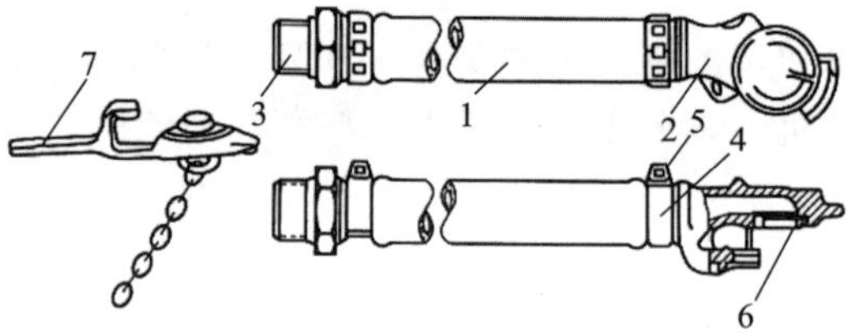

图 8-10 制动软管

1—制动软管；2—软管连接器；3—软管接头；4—卡子；5—螺栓和螺母；6—垫圈；7—防尘堵

3. 折角塞门（Angle Cock）

折角塞门安装在制动主管的两端，用以开通或关闭主管与软管之间的压缩空气通路，以便机车、车辆的摘挂。目前，折角塞门有锥芯式（cone core type）和球芯式（ball core type）两种，现大多数货车采用球芯式折角塞门，如图 8-11 所示。折角塞门上装有手把，扳动手把时，应先向上抬起使其离开止卡，然后才能向左或向右转动 90°。手把与主管平行时为开通位置，手把与主管垂直时为关闭位置。

4. 截断塞门（Isolating Cock）

截断塞门安装于机车、车辆空气管路上，用于控制空气通断。正常情况下，手把与管路平行为开通位，手把与管路垂直为关闭位。车辆用截断塞门装设在制动支管上远心集尘器的前方。当车辆制动机发生故障、因装载货物需要停止该车辆制动作用时，可将手把扳动到与支管垂直位置（即关闭位置）。目前，在新造车上安装的均为球芯式截断塞门和远心集尘器联合体，其结构如图 8-12 所示。

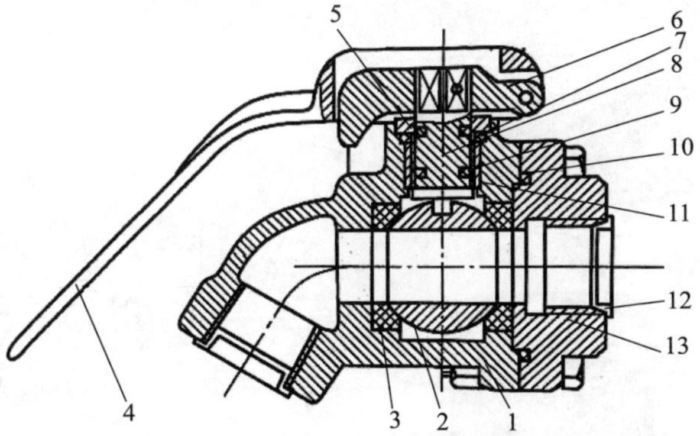

图 8-11 球芯式折角塞门

1—塞门体；2—球芯塞门芯；3—密封垫圈；4—手把；5、7、9、10—O 形密封圈；
6—套口；8—塞门芯箱；11—塞门芯轴；12—防尘堵；13—盖

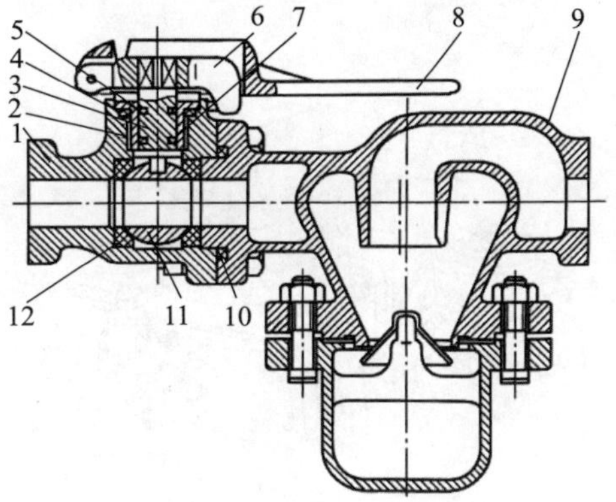

图 8-12 球芯组合式截断塞门

1—塞门体；2—塞门芯轴套；3—塞门芯轴；4、5、7、10—密封圈；6—套口；
8—手把；9—远心集尘器；11—塞门芯；12—密封垫圈

5. 远心集尘器（Centrifugal Dirt Collector）

远心集尘器安装在制动支管上，位于截断塞门与控制阀之间，用以收集制动管压缩空气的尘埃、水分、锈垢等不洁物质，将清洁的空气送入控制阀之间，以保证控制阀的正常作用，其结构如图 8-13 所示。

6. 120 型控制阀

120 型控制阀由中间体（manifold）、主阀（master valve）、半自动缓解阀（semi-automaticrelease valve）和紧急阀（emergency valve）等组成，如图 8-14 所示。120 型空气控制阀具有充风缓解位、减速充气缓解位、常用制动位、常用制动保压位和紧急制动位五个作用位，当 120 型空气控制阀内的各零件处于上述各作用位时，能使空气制动机产生充风缓解、常用制动、制动保压和紧急制动等作用。

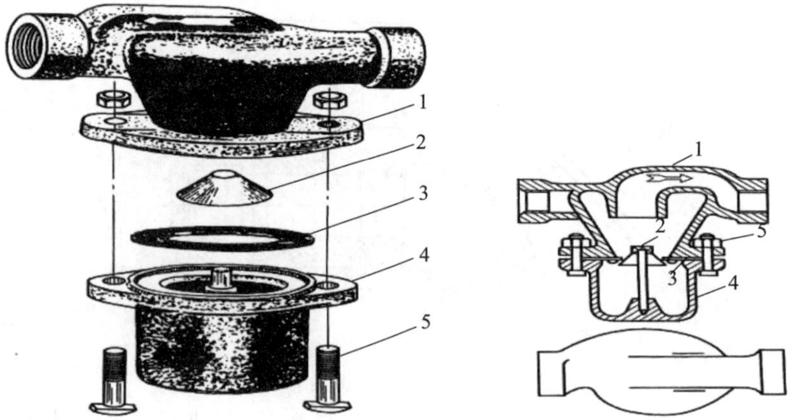

图 8-13　远心集尘器

1—主体；2—止尘伞；3—垫；4—集尘盒；5—T 形螺栓

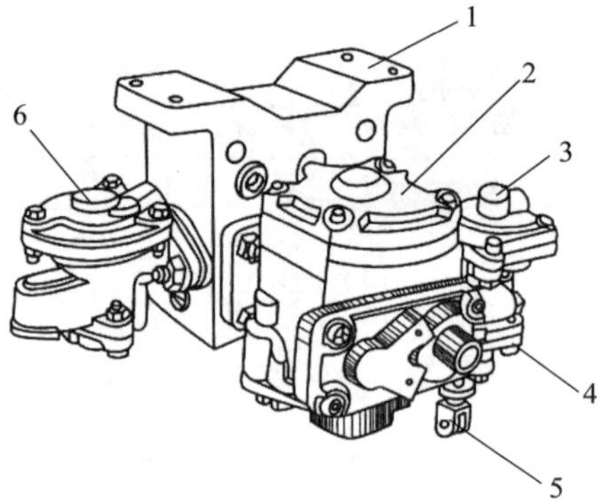

图 8-14　120 型控制阀

1—中间体；2—主阀；3—半自动缓解阀；4—半自动缓解阀的活塞部；
5—半自动缓解阀手柄；6—紧急阀

7. 副风缸（Auxiliary Air Reservoir）

副风缸吊挂在车底架下部，为圆筒形，是储存压缩空气的容器。制动时，控制阀将压缩空气送入制动缸，发挥制动作用。副风缸的下部一般装设排水堵，以便排放凝结水。

8. 制动缸（Braking Cylinder）

制动缸吊挂在车底架下部。目前主要使用密封式制动缸，如图 8-15 所示。其内部有活塞（piston）、皮碗、活塞杆（piston stem）及缓解弹簧（release spring）等。货车制动缸活塞杆一般为空心圆钢管，一端露在制动缸前盖的外部，空心管内插有推杆（push rod），推杆的另一端与基础制动装置（basic braking device）的制动缸前杠杆相连。制动时，活塞杆被推出，活塞杆再推动推杆，带动基础制动装置起制动作用；缓解时，活塞杆缩回制动缸内，推杆便失去推力，车辆缓解。

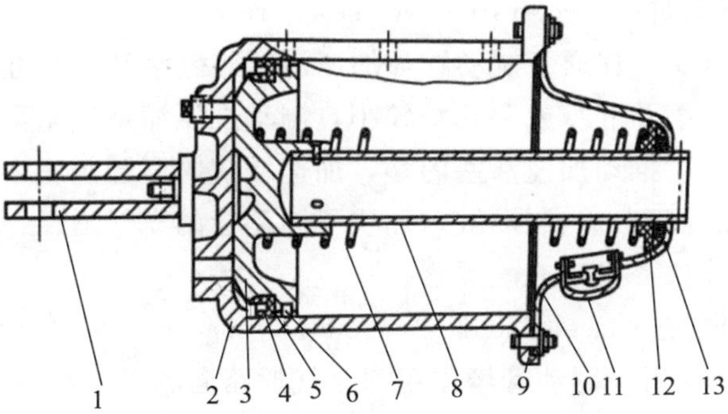

图 8-15　密封式制动缸（一体式压缩前盖）

1—制动缸后杠杆托；2—缸体；3—洗塞；4—Y 形自封式皮碗；5—润滑套；
6—毡托；7—缓解弹簧；8—活塞杆；9—前盖垫；10—前盖；
11—滤尘器；12—弹簧座；13—滤尘套

9. 加速缓解风缸（Accelerated Release Air Reservoir）

加速缓解风缸与主阀内的加速缓解阀（accelerated release valve）配合使用。其作用是，当某一车辆制动机产生缓解作用时，把准备排入大气的制动缸气体引向加速缓解阀处，使加速缓解阀产生动作后再从主阀排气口排出。由于加速缓解阀产生了动作，从而使加速缓解风缸的风通过加速缓解阀进入制动管。这样，制动管内除了有来自机车供风系统的压缩空气外，还有来自加速缓解风缸的风，这就是制动管的“局部增压”作用。由于制动管的“局部增压”作用，使长大货物列车后部车辆制动管充风速度加快，也就是缓解速度加快，从而减小了前后车辆缓解不一致所造成的纵向冲击和振动。

10. 空重车调整装置

货车装载货物后，其空车时的质量与重车时的质量相差很大。因此，制动时所需要的闸瓦压力、制动力是不一样的；若闸瓦压力仅与空车质量相适应，则重车时有可能因闸瓦压力不足而发生行车事故；若闸瓦压力仅与重车质量相适应，在空车时，闸瓦压力又过大，会把车轮抱死，造成车轮踏面擦伤、热轴等危及运行安全的故障。因此，在 120 型制动机中，装设了空重车自动调整装置。

二、120 型控制阀的作用原理（Operating Principle of 120 Type Control Valve）

120 型控制阀采用两种压力控制机构（control mechanism）直接作用，满足自动制动机的要求，并能与三通阀（triple valve）、分配阀（distributing valve）混编使用，且在混编时对旧型制动机能有促进作用。

1. 充气缓解作用

制动管增压，制动管压缩空气进入作用部主活塞上部，推动截止阀（stop

valve)，滑阀（slide valve）下移，到达充气缓解位，制动管压缩空气经截止阀和滑阀上的充气通路向副风缸充气。同时，滑阀室经阀座和滑阀上的节流孔（orifice）与加速缓解风缸（accelerated release air reservoir）连通，滑阀上的缓解孔槽（release hole slot）连通了制动缸与加速活塞外侧室经缩孔Ⅱ（或限孔）排向大气的气路。由于缩孔Ⅱ（或限孔）较小，制动缸压缩空气来不及排出而使加速活塞外侧压力上升，推动加速活塞内移，加速缓解阀离开阀座，加速缓解风缸压缩空气经加速缓解阀口进入制动缸，加快了制动管的充气增压，使后部车辆制动机充气缓解作用加快，实现充气缓解。

当加速缓解风缸（accelerated release air reservoir）与制动管压力（braking pipe pressure）平衡后，制动管经作用部充气通路向副风缸和加速缓解风缸充气，直至达定压。副风缸充气至定压，为下次制动储备压缩空气源；加速缓解风缸充至定压，为下次制动后加速缓解储备压缩空气源。

2. 减压制动作用

制动管减压，副风缸压缩空气推动主活塞带动截止阀（stop valve）、滑阀（slide valve）上移，到达制动位，副风缸压缩空气经滑阀、滑阀座上的制动通路进入制动缸，产生制动作用。制动位加速缓解风缸（accelerated release air reservoir）压缩空气未参与制动作用，其压力仍保持在充气缓解作用结束时的制动管定压。

3. 制动保压作用

常用制动减压，当制动管减压量（decompression amount）未达到最大有效减压量之前，转保压位，停止制动管减压，由于作用部仍处在制动位，副风缸继续向制动缸充气，副风缸压力继续下降，当副风缸压力接近制动管压力时，在主活塞自重及稳定弹簧弹力作用下，主活塞带动截止阀下移（滑阀不动）至活塞杆上肩接触滑阀为止。这样，截止阀遮盖住了滑阀背面的向制动缸充气的孔路，停止了副风缸向制动缸的充气，副风缸压力停止下降，制动缸压力停止上升，即实现了制动保压（pressure retaining）作用。

第四节　客车空气制动机
(Passenger Vehicle Air Braking Device)

随着列车运行速度的不断提高，客车空气制动机也在不断发展。目前，我国客车使用的制动机有 104 型空气制动机（air braking device）、104 型电空制动机（electro-pneumatic braking device）和 F8 电空制动机等。

一、104 型空气制动机 (104 Type Air Braking Device)

104 型空气制动机由 104 型分配阀（distributing valve）、压力风缸（pressure air reservoir）、副风缸、制动管、折角塞门及制动软管、缓解阀（release valve）等组成。此外，在制动主管的一端连接一根支管，此支管穿过地板伸至车厢内部，上端安装压力表（air gauge）和紧急制动阀（emergency braking valve）。

104 型分配阀由中间体（manifold）、主阀（master valve）和紧急阀（emergency valve）三部分组成。104 阀的安装方法同 120 阀，中间体、主阀和紧急阀的作用也与 120 型控制阀的各作用基本相似。

二、压力表（Air Gauge）

机车、客车内部都装有压力表，机车的压力表安装于司机台上，客车压力表装在从制动主管引出的直立支管（vertical branch）上。压力表内设有刻度盘（dial）和指针（pointer），以便乘务人员观察制动管内压缩空气的压力大小。列车出发前，制动管压缩空气的压力必须达到规定的值，超过或不足时应作相应处理。

三、紧急制动阀（Emergency Braking Valve）

在机车、客车内均设有紧急制动阀，客车紧急制动阀一般和风表装设在一起，机车紧急制动阀一般装于司机室内。紧急制动阀又称车长阀（conductor's valve）。当列车在运行途中遇到紧急情况需要立即停车时，列车乘务人员（或车长）可使用紧急制动阀使列车紧急停车。

紧急制动阀由手柄（handle）、偏心轴（eccentric shaft）、阀（valve）、阀座（valve seat）、阀体（valve body）及排风孔（vent port）等组成。平时手柄向上，并打上铅封，以便检查和监督使用情况。车长在接受列车时，应注意检查铅封是否完好。

紧急制动阀有关闭位（close stance）和全开位（full-open stance）两个作用位。

（1）关闭位。关闭位是紧急制动阀不工作的位置，其手柄位于上方极端位。此时偏心轴将阀紧压在阀座上，截断制动管与大气的通路，制动管的风不能排出。

（2）全开位。全开位是紧急制动阀工作的位置，其手柄（handle）位于下方极端位。此时，由于手柄由上向下扳动，通过偏心轴（eccentric shaft）的作用将阀杆顶起，使阀离开阀座，制动管的风经阀与阀座的空隙大量、快速地排向大气，从而达到制动管急剧降压的目的。再通过分配阀的作用使列车紧急制动。

四、104 型电空制动机的简介（Brief Introduction of 104 Electro-pneumatic Braking Device）

120km/h 以上速度的客车采用 104 型电空制动机，如 25Z、25K、25T 型客车等。104 型电空制动机的组成包括 104 型电空分配阀（air distribution valve）、制动管、制动缸、工作风缸、缓解风缸、远心集尘器及截断塞门、缓解阀、车长阀、止回阀、缓解指示器（release indicator）和制动软管连接器（braking hose connector）等。

104 型客车电空分配阀是 104 型客车空气分配阀与电控电磁阀的结合。104 型客车电空分配阀主要包括主阀、中间体电磁阀部（intermediate solenoid valve）、紧急放风阀（emergency vent valve）和缓解风缸等。104 型客车电空分配阀的主阀同 104 型客车空气分配阀的主阀基本一致，所不同的是将容积室的排气口引入中间体，然后由中间体引向电磁阀部（solenoid valve）的保压电磁阀（pressurized solenoid valve），在运行缓解状态时该气路经保压电磁阀排气，以确保制动机处于缓解状态。电磁阀由制动（braking）、缓解（release）、保压（pressure retaining）三个电磁阀组成。装有电磁阀的连接体设缓解风缸安装孔和充气止回阀，其中充气止回阀供副风缸向缓解风缸充气。中间体、紧急放风阀及紧急室的容积与原 104 型客车空气分配阀相同。

第五节　基础制动装置（Basic Braking Device）

基础制动装置是机车、车辆制动系统的主要组成部分，是满足车辆紧急制动距离要求及确保行车安全的重要装置。基础制动装置是将制动缸鞲鞴（piston）的推力经杠杆系统增大后传给闸瓦压紧车轮或传给闸片压紧制动盘，通过轮轨的黏着产生制动作用。基础制动有单侧制动及双侧制动之分，每个轮对有四块闸瓦分别挂在车轮两侧的称双侧制动；每个轮对只有两块闸瓦分别挂在左右车轮一侧的称为单侧制动。

一、货车基础制动装置（Wagon Basic Braking Device）

1. 组成

货车基础制动装置设在底架（underframe）下部以及转向架（bogie）上，由制动缸活塞杆至闸瓦间的一系列杠杆、拉杆、制动梁（braking beam）以及闸瓦间隙（braking shoe clearance）自动调整器等组成。通过基础制动装置的作用，把制动缸活塞杆的推杆推力或人力制动机的人力（制动原力）增大若干倍数后平均地传给每块闸瓦，使闸瓦压紧车轮而产生制动作用。货车单侧闸瓦式基础制动装置如图 8-16 所示。

2. 作用原理

现以一位转向架为例，说明其作用原理（图 8-16）。当使用手制动机并旋转手轮（rotating handwheel）时，手制动轴（hand braking shaft）8 随之转动，手制动链（hand braking chain）卷在轴上，并拉动手制动拉杆（hand braking pull rod）4。手制动拉杆带动制动缸前杠杆 3，通过制动缸前杠杆再分别拉动一位上拉杆 12 及连接拉杆 13，由一位上拉杆 12 拉动一位制动杠杆 11。一位制动杠杆一方面将二位制动梁 6 拉向车轮，另一方面又推动其下端的一位下拉杆 10，使固定杠杆 9 上的一位制动梁两端的闸瓦压紧车轮。

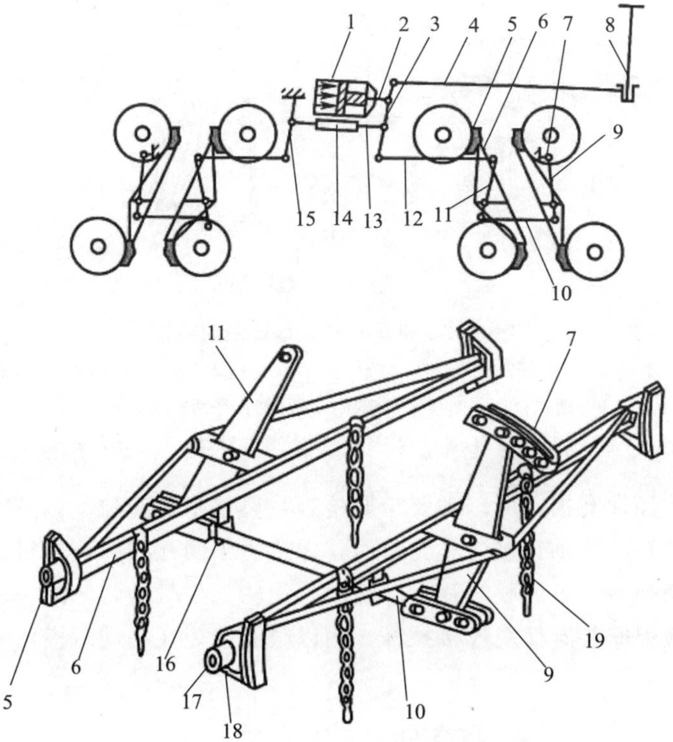

图 8-16　货车单侧闸瓦式基础制动装置示意

1—制动缸；2—活塞杆；3—制动缸前杠杆；4—手制动拉杆；5—闸瓦；6—制动梁；
7—固定杠杆支点；8—手制动轴；9—固定杠杆；10—下拉杆；11—制动杠杆；
12—上拉杆；13—连接拉杆；14—闸瓦间隙自动调整器；15—制动缸后杠杆；
16—安全吊；17—滚子轴；18—滚动套；19—安全链

由于连接拉杆 13 的移动，使制动缸后杠杆 15 牵动二位上拉杆，再通过二位转向架上的制动杠杆、下拉杆及固定杆的作用，使三位、四位制动梁两端的闸瓦压向车轮。

当使用空气制动机时，压缩空气进入制动缸后，使活塞杆推动推杆，推杆再推动制动缸前杠杆的一端，以后的动作与人力制动机传递动作完全相同。

二、机车杠杆式基础制动装置（Lever-type Basic Braking Device for Locomotive）

机车杠杆式基础制动装置由制动缸所驱动的杠杆系统和闸瓦组成，图 8-17 所示的为一种单侧制动的杠杆式基础制动装置。该基础制动装置在每个转向架安装有两个制动缸，每一个轮对有两块闸瓦，安装在左右车轮内侧。制动时，通过制动机施加的制动缸压力推动制动缸鞲鞴杆伸出，带动各制动杠杆动作进而推动闸瓦贴靠踏面，产生制动作用。基础制动所有转动滑动部分在组装前须清扫干净，并涂以润滑脂。在使用过程中也应定期检查润滑状态，并补充润滑脂。

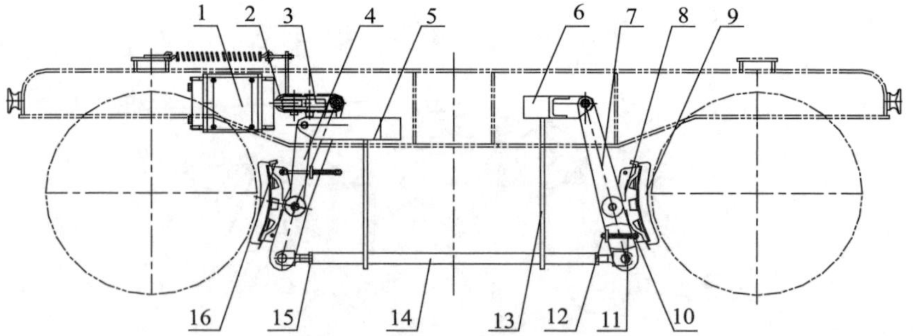

图 8-17　机车杠杆式基础制动装置

1—制动缸；2—鞲鞴杆；3—连杆；4—吊板；5—前座体；6—后座体；7—制动杠杆；8—闸瓦托；9—闸瓦；10—闸瓦平衡螺栓；11—闸瓦平衡弹簧；12—闸瓦平衡螺母；13—安全吊钩；14—调整套；15—锁紧螺母；16—闸瓦钎

由于闸瓦经常磨损，所以需要定期检查，调整闸瓦间隙。调整时松开锁紧螺母，转动调整套，使闸瓦接近车轮踏面，保持适当闸瓦间隙，通过转动闸瓦平衡螺母压缩平衡弹簧，可调整闸瓦上下间隙，使轮瓦接触均匀。同一轮对左右两侧的制动杠杆板上安装有横向连接拉杆，用以限制闸瓦在制动时横向窜动，防止闸瓦偏磨。

三、单元制动器（Unit Braking Device）

现机车、客车及动车组多使用单元制动器替代传统的杠杆式制动。单元制动器结构紧凑，体积小、质量轻，能在有限的安装空间内、在不同方向上安装；内置斜楔式输出力放大机构，只需改变活塞斜楔角度即可改变单元制动器的制动倍率，从而实现制动输出力调节，能自动修正闸瓦与踏面或闸片与制动盘磨耗造成的间隙。单元制动器根据制动形式不同又分为踏面制动式单元制动器及盘形制动单元制动器。图 8-18 为一种踏面制动式单元制动器外形图，图 8-19 为一种带有停放功能的踏面制动式单元制动器外形图。

图 8-18　一种踏面制动式单元制动器外形图

图 8-19 一种带有停放功能的踏面制动式单元制动器外形图

图 8-20 为轴盘式制动单元制动器安装示意图。盘形制动单元装置由制动缸，内、外侧杠杆 7 和 8、杠杆吊座 6、闸片托 2 和 3、闸片 1、闸片吊销 5 等部件组成。

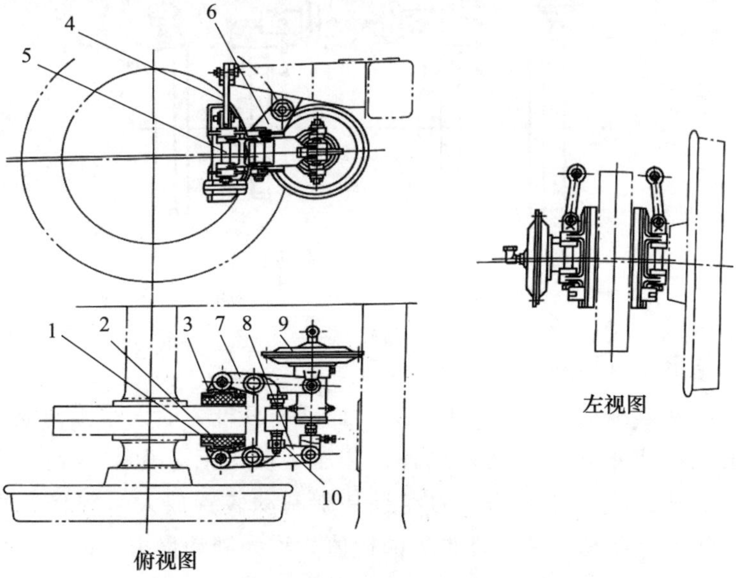

图 8-20 轴盘式制动单元制动器安装示意图

1—闸片；2—右闸片托；3—左闸片托；4—闸片托吊；5—闸片吊销；6—杠杆吊座；7—内侧杠杆；8—外侧杠杆；9—膜式制动缸；10—螺杆

踏面制动结构简单，但其制动率不能过大且机车不能长时间抱闸运行，长时间抱闸运行不仅使闸瓦磨损严重，且轮瓦间温度过高，造成闸瓦制动摩擦副损伤、车轮踏面过热剥离或热裂，这些都危及行车安全。随着高速列车的发展，现广泛采用盘形制动装置，盘形制动采用安装于车轮或车轴上的制动盘和制动闸片摩擦，将动能转换为热能消耗掉，制动高效，而且不会损伤车轮踏面。

图 8-21 所示为 120 km/h 以上速度的 25 型客车采用的单元制动形式，该车每根车轴装有 2 个盘形制动装置和 2 个单侧踏面制动装置。单元制动形式主要以盘形制动为主、踏面制动为辅，并加装了电子防滑器（electronic anti-skid device）。电子防滑器的作用是充分利用轮轨间的黏着力（adhesion），保持轮轨间最佳的蠕滑状态，使车辆不仅不会发生滑行，同时还减少了车轮擦伤，缩短了制动距离（braking distance），大大提高了旅客列车的安全性。

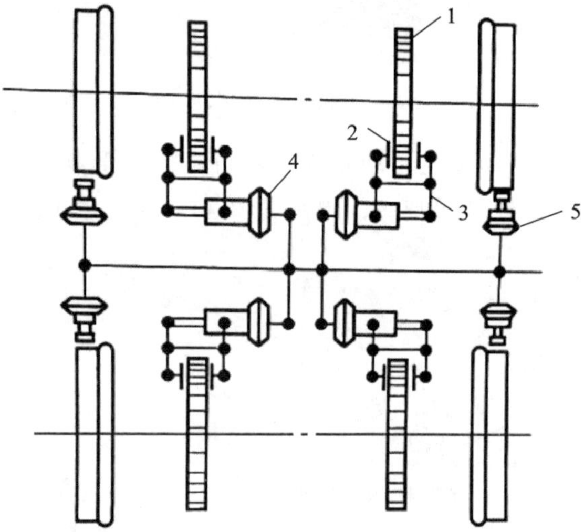

图 8-21　25 型客车盘形制动装置示意图

1—制动盘；2—闸片；3—钳形杠杆；4—盘形制动单元；5—踏面清扫器

四、制动倍率（Braking Leverage）

闸瓦压力来自制动缸活塞杆的推力，而活塞杆推力的大小则与制动缸直径和空气压力的大小成正比。在制动缸直径和压力确定后，为了得到较大的闸瓦压力，一般将制动缸活塞杆上的推力经过基础制动装置放大一定倍数再传至各闸瓦。闸瓦总压力与制动缸活塞杆推力的比值，称为制动倍率，即：

$$制动倍率=\frac{闸瓦总压力}{制动缸活塞杆推力}$$

在制动过程中，由于基础制动装置中各杠杆、拉杆销等连接处的摩擦，制动缸缓解弹簧的作用力，制动缸活塞与缸壁的摩擦，使作用在各闸瓦上的实际压力小于理论计算的闸瓦压力。实际总闸瓦压力与理论总闸瓦压力的比值，称为传动效率或制动效率，货车一般按 85%计算；机车的基础制动装置采用单元制动器，其制动效率按90%计算。

第六节 车辆制动机常见故障
(Common Faults of Braking Device)

由于机车电空制动机种类多、控制原理复杂、故障原因多样，此节仅对车辆制动机常见故障及处理方法进行讲解。

1. 车辆缓解不良 (Defective Release)

列车运行中瞭望发现车轮有火圈时，是缓解不良造成的现象，此时车轮尚能转动；如果车轮下部与轨面处冒出较短的平行火花（parallel sparks），此时车轮已被闸瓦抱死而不能转动。发生车辆缓解不良时，可能是控制阀（分配阀）、制动缸或基础制动装置故障。列车停车后，司机做制动缓解的制动性能试验，分析判断缓解不良的原因，把故障范围缩小到最小程度，并发现故障处所。

在增加制动管压力（braking pipe pressure）时（充气位），如控制阀（或分配阀）排风口有声响（空气排出），则表明控制阀（或分配阀）作用正常，故障可能发生在制动缸或基础制动装置。如果控制阀（或分配阀）排风口不排风，故障则在控制阀（或分配阀）。

如果控制阀（或分配阀）排风口有空气排出，而制动缸活塞（braking cylinder piston）未缩回缸内时，可以判断制动缸有问题，比如制动缸活塞皮碗变质、制动缸内混入杂质异物、缺油或制动缸缓解弹簧（braking cylinder release spring）衰弱、折损等。如果制动缸活塞杆缩回缸内，但闸瓦仍抱紧车轮，该现象说明是基础制动装置故障，可查看制动梁是否脱落等，进行酌情处理。如果故障一时不能排除，可以关闭截断塞门，排出副风缸（auxiliary air reservoir）的压缩空气，隔离该车辆的制动机作用。

2. 紧急制动 (Emergency Braking)

紧急制动一般多属于车辆控制阀（vehicle control valve）或分配阀作用不良。这种不正常的制动作用，容易造成列车分离，危害很大。

遇此情况应尽可能找出起非常制动作用的个别车辆。找到故障车辆后，有列检的车站应更换控制阀（或分配阀），无列检的车站要关闭截断塞门，排出副风缸内的压缩空气，即按“关门车”处理，或甩车。

在查找常用制动位起非常制动作用的车辆时，司机会同相关检查人员等，从机后开始每三辆或五辆分段查找，查找时须关闭后端的折角塞门。当司机鸣笛作常用制动时，相关检查人员应注意观察车辆制动缸活塞杆伸出的速度。一般来说，起非常制动作用的车辆其制动缸活塞杆伸出得长而迅猛，甚至能带动车体振动。

3. 自然制动 (Spontaneous Braking)

列车运行中有时司机并未施加制动而个别车辆却产生制动作用，严重影响列车正常运行，其主要原因有：制动管漏泄量过大；折角塞门被误关闭；司机操纵制动机不当，使制动管过量供气；控制阀（或分配阀）作用不良。

制动管漏泄量过大所引起的自然制动，多发生在甩挂车辆后，由制动软管未接好、胶皮圈（sealing ring）处漏风所致。按规定制动管漏泄量每分钟不得超过20kPa。由于列车运行中机车总风缸的风经调整为600kPa且不断向制动管供给，虽有微量漏泄但不会产生自然制动。如果软管接头漏泄处较多，总的漏泄量太大时，则使漏泄量（leakage）超过供给量（allowance），不仅使机车空压机工作不止，同时还容易发生自然制动。特别是在运行中司机操纵闸调速时，由于制动管漏泄量大，打乱了司机操纵安排，达不到理想的停车目标。如果列车在上坡道运行，很容易造成“坡停”事故。为此，在甩挂车辆后一定要将软管接好。对车长而言，若在列车发车后或运行中发现制动管风压不足（低于定压20kPa以上），应及时与司机联系处理，先对易于发现的较大漏风处进行修理，若修理后制动管风压仍不足，可从后往前分段查找。

折角塞门被误关闭，后部车辆制动管的漏泄无法补充，则可能会造成制动。为了及时发现折角塞门被误关闭，相关检查人员除应加强巡回检查外，在列车开车前还必须作一次制动、缓解试验，查看制动、缓解状态是否正确，这样就可以防止在折角塞门关闭状态下开车。需要指出的是，折角塞门被误关闭，在通过长大下坡道时，还可能造成“放飏”。

过量供气是由于司机操纵不当或给风阀失灵所致。列车运行中，有时司机用大闸过充位向制动管充风时，时间较长，就会造成前部风压高、后部风压低，当前部高风压向后部流通时，形成降压现象，造成前部车辆自然制动，影响列车运行。

如属于车辆控制阀（或分配阀）作用不良时，必要时可以隔离该车辆制动机的作用（关门车）。

Word 专业词汇汉英对照（Glossary）

专业词汇	拼音	英文
车辆制动装置	chēliàng zhìdòng zhuāngzhì	vehicle braking device
空气压缩机	kōngqì yāsuōjī	air compressor
电空制动机	diànkōng zhìdòngjī	electro-pneumatic braking device
总风缸	zǒngfēnggāng	main air reservoir

续表

专业词汇	拼音	英文
副风缸	fùfēnggāng	auxiliary air reservoir
制动缸	zhìdònggāng	braking cylinder
基础制动装置	jīchǔ zhìdòng zhuāngzhì	basic braking device
折角塞门	zhéjiǎo sàimén	angle cock
制动管	zhìdòngguǎn	braking pipe
制动倍率	zhìdòng bèilǜ	braking leverage
闸瓦	zháwǎ	braking shoe
转向架	zhuǎnxiàngjià	bogie
鞲鞴	gōubèi	piston

思 考 题（Questions）

（1）何谓制动？何谓制动装置？
（2）常用制动方式有哪些？
（3）试说明 120 型控制阀的作用原理。
（4）使用紧急制动阀有哪些注意事项？
（5）车辆制动机常见故障有哪些？如何处理这些故障？

拓展阅读（Extensive Reading）

1866 年，美国一位刚退役的士兵卫斯亭豪斯高兴地踏上了返回故乡的火车。他望着窗外的景色，心早就飞回了久别的故乡。突然，火车猛地刹住了，车头传来了一声巨响。原来，列车和前面的货车撞上了。虽然司机拼命拉动手闸，仍然未能避免事故。

当时，火车已广泛使用。但是，制动装置却得不到改进，以致阻碍了铁路交通的迅速发展。卫斯亭豪斯目睹这一情况，想到火车上如果没有一个安全的制动装置，是多么危险啊。回家之后，他马上开始试制蒸汽制动机。经过一次又一次试验，蒸汽制动机还是没有成功。原来，蒸汽在制动过程中，力量不足，不能使行驶的火车停下来，设计就这样失败了。卫斯亭豪斯没有灰心，为了找出一个适当的办法，他整天流连在铁道边、车站上，仔细地观察列车的刹车。一天，他在候车室里遇到一个卖杂志的妇女，为了放松一下头脑，顺手买了一本杂志。杂志内容五花八门，卫斯亭豪斯正看得眼花缭乱时，忽然，他发现了一条报道：瑞士在开凿隧道时使用压缩空气。压缩空气？它既然有足够的动力开凿山洞，那么，也一定能控制火车了。卫斯亭豪斯受到启发，马上动手干起来。3 个月后，模型终于做好了。看着装上新的制动装置列车，卫斯亭豪斯既高兴又担心，在朋友们的帮助下，他决定亲自驾驶列车进行试验。试验那天，许多观众围在站台边等待观看，有的人信心十足，有的人将信将疑，还有的人完全不相信能成功。正在人群乱哄哄的时候，只听见一声汽笛长鸣，火车启动了。火车急速地行驶着，树木一行行地从窗外掠过，眼看就要来到试验场地了，突然，前面铁路上出现了一辆慢慢行走的干草车。车夫悠闲地吆喝着马儿，对即将发生的危险浑然不知。卫斯亭豪斯急忙拉响汽笛，想不到马受了惊，被火车这个庞然大物吓坏了，竟将马车和车夫掀倒在铁轨上。眼看一场事故就要发生，车上的乘客惊惶失措，大家都紧张地盯着窗外，却又束手无策。就在这紧急关头，只见司机在一个手柄上一拉空气制动机。成功与否，就在此一举了。乘客们只听到“哧”地一声，从各个车厢的车轮处放出一阵气体，火车像泄了气一样，很快停了下来。

一场事故终于避免了！车夫惊愕地站起来，激动地跑到驾驶室里，感谢这位司机的“高超技术”。乘客们也纷纷走出车厢，向卫斯亭豪斯祝贺。事实证明，空气制动机是制动装置上的一大发展。卫斯亭豪斯成功了。这次意外的险情使空气制动机得到考验，也使卫斯亭豪斯名声大振。此后，卫斯亭豪斯创办了空气制动机公司。列车采用这一装置后，事故大大减少了。

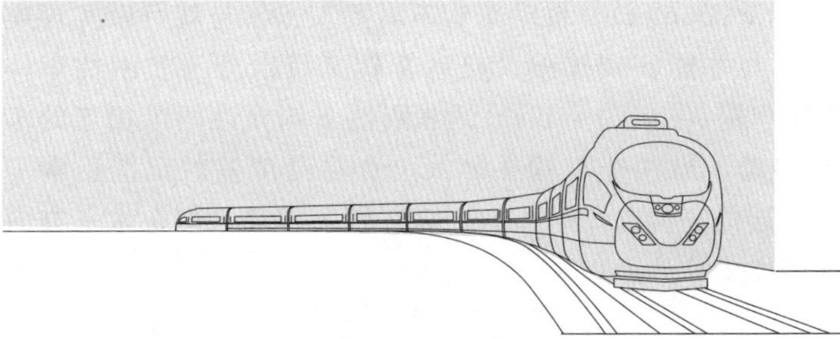

第 九 章

车钩缓冲装置

Coupler and Buffer Device

车钩缓冲装置是车辆最基本也是最重要的部件之一，主要是用来实现列车（train）车辆与车辆之间的连挂（coupling），使得车辆之间保持一定距离，并且传递牵引力（traction force）、缓和车辆在运行过程中与机车产生的冲击力（impact force）。

车钩缓冲装置主要是由车钩装置（coupler device）和缓冲器装置（buffer device）两部分组成。车钩装置主要起到实现车辆之间连接、传递牵引力的作用，如图 9-1（a）所示。缓冲器装置主要用于缓和车辆之间的冲击作用，如图 9-1（b）所示。

(a) 车钩装置　　(b) 缓冲器装置

图 9-1　车钩缓冲装置

第一节　车钩缓冲装置分类与基本结构

(Classification and Basic Structure of Coupler and Buffer Device)

一、车钩分类与基本结构（Coupler Classification and Basic Structure）

1. 车钩分类

根据车钩缓冲器连挂方式不同分类，可以分为自动车钩（automatic coupler）

和非自动车钩（non-automatic coupler）。自动车钩不需要人工参与就可以实现连接；非自动车钩需要人工参与才能实现连接。自动车钩又可以分为非刚性车钩（non-rigid coupler）和刚性车钩（rigid coupler）。非刚性车钩允许两个相连的车钩在垂直方向上存在相对移动，当两个车钩在轴线上存在高度差时仍能正常工作。刚性车钩不允许两个相连的车钩在垂直方向上存在相对移动，但在水平方向上允许存在一定转角，如图 9-2 所示。

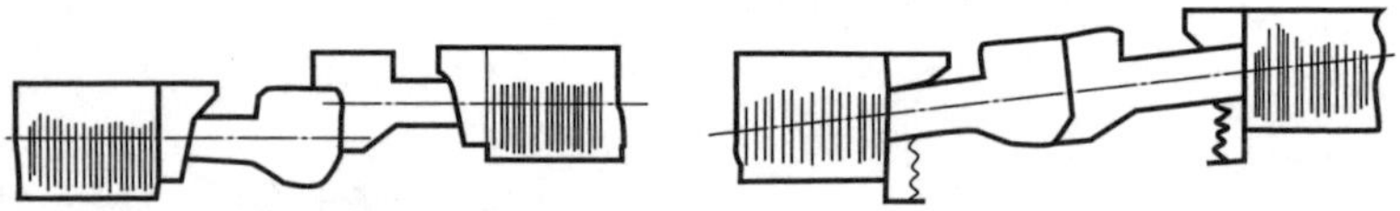
(a) 非刚性车钩　　(b) 刚性车钩

图 9-2　非刚性车钩和刚性车钩

非刚性车钩的优点：简化两车钩纵向中心线存在高度差情况下车钩的连挂条件；车钩结构强度大，不易出现损伤；钩尾销（yoke key）连接和对心装置（centering device）结构简单；车钩钩体结构简单，制造加工工艺不复杂。

刚性车钩的优点：减小两个车钩之间间隙，降低纵向冲击，提高车辆平稳性；减小了车钩（coupler）部件之间位移，改善了车钩工作条件；减缓车钩接触面磨耗（contact surface wear）；避免在发生碰撞（collision）时后车爬到前车上，起到防爬作用（anti-climbing effect）。

2. 车钩基本构成

车钩的基本结构由钩头（coupler head）、钩身（coupler shank）、钩尾（coupler tail）三个部分组成，如图 9-3 所示。

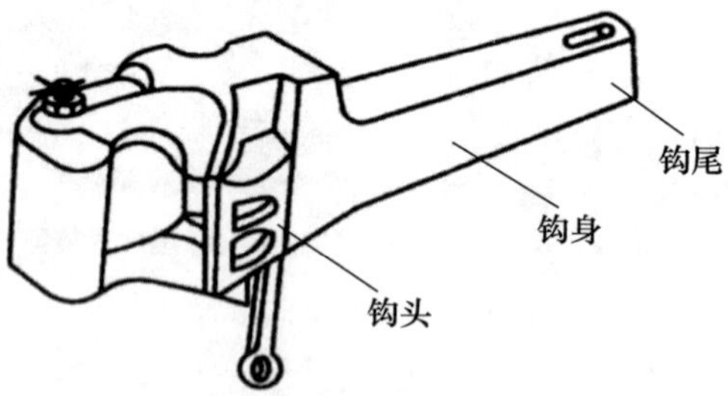

图 9-3　某货车车钩组成结构

车钩还可按其结构类型分为螺旋车钩（screw coupler）、密接式车钩（tight-lock coupler）、自动车钩（automatic coupler）及旋转车钩（rotary coupler）等。螺旋车钩使用最早，但因缺点较多已被淘汰。密接式车钩多为动车组、地铁等客运车辆所用。我国除万吨重载列车上部分使用旋转车钩外，现一律采用自动车钩。所谓自动车钩，就是先将一个车钩的提杆提起后，再用机车拉开车辆或与另一车辆车钩碰撞时，能自动完成摘钩或挂钩动作的车钩。

3. 车钩三态作用

根据铁路运输生产的需要，车钩通过三种位置（也称“车钩三态”）实现车辆的连挂和分离，这三种位置分别为：

（1）闭锁位置（locking position of coupler）（连挂状态）：车钩的钩舌（coupler knuckle）尾部完全进入钩头的内部，车钩内的钩锁自动落下，钩舌被钩锁挡住不能向外转开。车辆连挂后，车钩处于闭锁状态，车辆之间传递机车的牵引力。闭锁位置示意如图 9-4 所示。

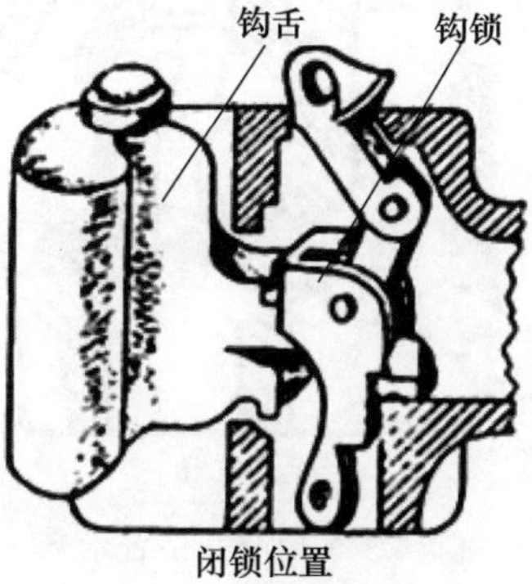

图 9-4 车钩闭锁位置示意

（2）开锁位置（uncoupling position of coupler）（解钩状态）：提起车钩提杆，下锁销转轴转动带动锁铁上升到一定的高度，放下车钩提杆，锁铁开锁坐锁面停留在钩舌推铁锁座上。车钩钩锁（coupler lock）被提起，此时钩舌不能自动打开，如果钩舌受到牵引力就能绕钩舌销向外转动打开，是一种闭而不锁的状态。开锁位置示意如图 9-5 所示。两辆连挂着的车辆欲分开时，必须有一个车钩处于开锁位置。

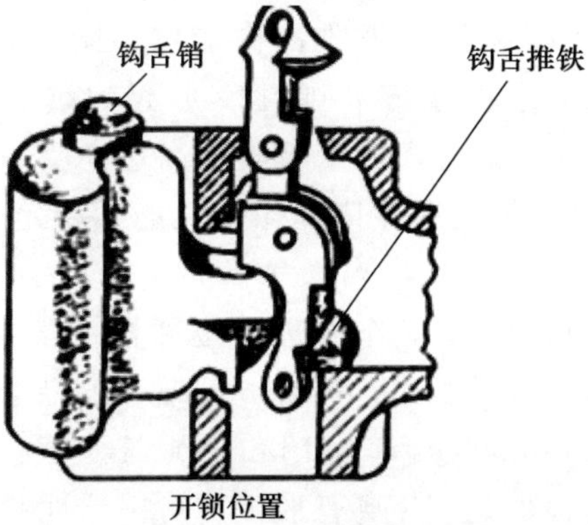

图 9-5 车钩开锁位置示意

（3）全开位置（full open position of couple）（待挂状态）：钩舌已经完全向外转开的位置。摘钩时，只要其中一个车钩处在开锁位置，就可以把两辆车分开。挂钩时，只要是其中一个车钩处于全开位置，就可以把两个车辆连挂在一起。全开位置示意如图 9-6 所示。

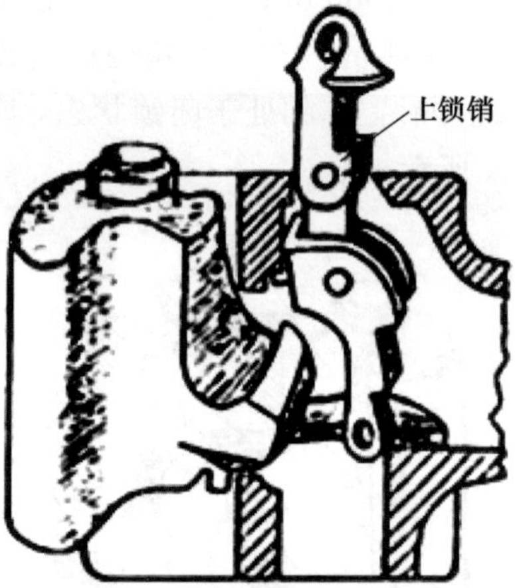

图 9-6　车钩全开位置示意

第二节　缓冲装置（Buffer Device）

缓冲装置主要用来缓和列车在运行过程中牵引力变化对车体和底架的冲击，如启动、制动及调车作业时车辆相互碰撞而引起的纵向冲击和振动，缓冲器有耗散车辆之间冲击和振动能量的功能，降低车钩纵向力，从而减轻对车体结构的冲击和装载货物的破坏作用。同时降低由纵向冲击力引起的车钩横向分力和车辆脱轨系数，从而提高列车运行的稳定性和平稳性，确保铁路运输安全。

缓冲器的工作原理是借助于压缩弹性元件来缓和冲击作用力，同时在弹性元件变形过程中利用摩擦和阻尼吸收冲击能量。图 9-7 所示为 MT-3 缓冲器。MT-3 缓冲器借助橡胶分子内摩擦和弹性变形起到缓和冲击、消耗能量作用。该型缓冲器容量可达 35kJ 以上，能量吸收率高达 90%，性能良好；结构简单、成本低、检修容易，但同时也存在诸如橡胶性能不稳定、易老化、箱体易破裂等缺点。

根据缓冲器的结构特征和工作原理，缓冲器一般可分为：摩擦式缓冲器（friction buffer）、橡胶式缓冲器（rubber buffer）、胶泥缓冲器（mud buffer）和液压/气液缓冲器（hydraulic/gas-liquid buffer）等。下面以胶泥缓冲器为例对缓冲器进行介绍。胶泥缓冲器是利用弹性胶泥的可压缩性和流动阻尼性来实现缓冲特性和能量吸收，是地铁车辆钩缓装置普遍使用的一种缓冲器，如图 9-8 所示。

图 9-7　MT-3 缓冲器

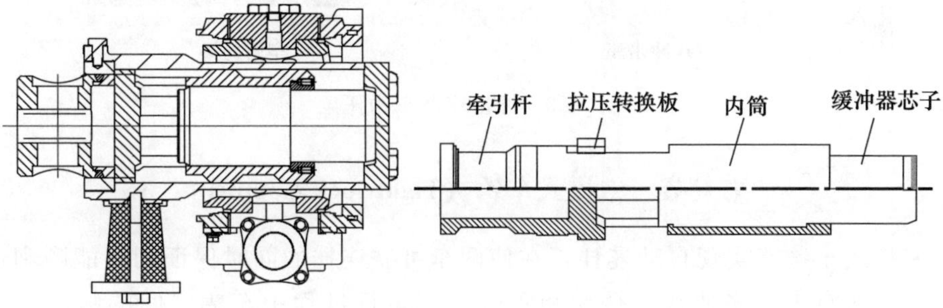

(a) 全自动紧凑式胶泥缓冲器内部结构图　　(b) 半自动胶泥缓冲器内部结构图

图 9-8　胶泥缓冲器

车钩缓冲装置除车钩、缓冲器（buffer device）外，还需有一些附属配件互相配合，才能起到车辆之间的连挂、牵引、缓冲作用。附属配件的结构和技术状态对车钩缓冲装置的作用和行车安全有着重要影响。钩尾框（hook tail frame）用钩尾销（hook tail pin）与钩尾连接，钩尾框内装有缓冲器和前、后从板，是传递牵引力的主要配件。钩尾框用铸钢制成，钩尾销用锻钢制成。钩尾框及钩尾销如图 9-9 所示。

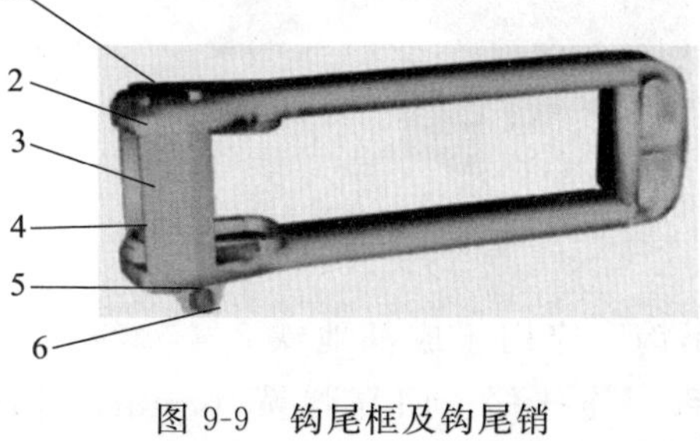

图 9-9　钩尾框及钩尾销

1—钩尾销孔；2—钩尾挡；3—侧板；4—钩尾座；5—钩尾销固定挂耳；6—钩尾销螺栓孔

冲击座（impact seat）位于底架端梁的中部，在冲击座下部有车钩托梁，除保证车钩缓冲装置正常使用外，当车钩受到较大的冲击力时，钩肩（hook shoulder）与冲击座接触，由于有冲击座，可加强端梁强度并将部分冲击力直接传递给底架，避免缓冲器因冲击力过大而破损。冲击座及车钩托梁如图 9-10 所示。

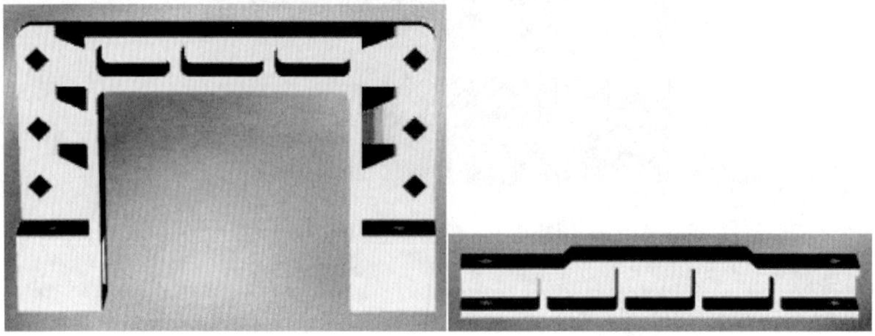

(a) 冲击座　　(b) 车钩托梁

图 9-10　冲击座及车钩托梁

第三节　密接式车钩（Tight-lock Coupler）

密接式车钩能实现自动连挂，在使两车可靠连挂的同时保证列车能顺利通过现有线路所有平、竖曲线，缓冲和吸收列车运行过程中车辆之间的纵向冲击能量，解钩采用人工作业。对于高速铁路、城市地铁和轻轨车辆而言，其车钩常采用能够自动连接的密接式车钩。这种车钩属于刚性自动车钩，它要求在两车钩连挂后，其间没有上下和左右的移动，而且纵向间隙也限制在很小的范围内，这对提高列车运行的平稳性、降低车钩零件的磨耗和噪声均有重要意义，如图 9-11 所示。

图 9-11　密接式车钩

以 330 型密接式车钩（应用于成都地铁 3/4 号线）为例对车钩进行简单介绍。该车钩内部由钩舌、连挂杆、回复弹簧（return spring）、解钩手柄（unhook handle）等构成。330 型车钩内部结构如图 9-12 所示。

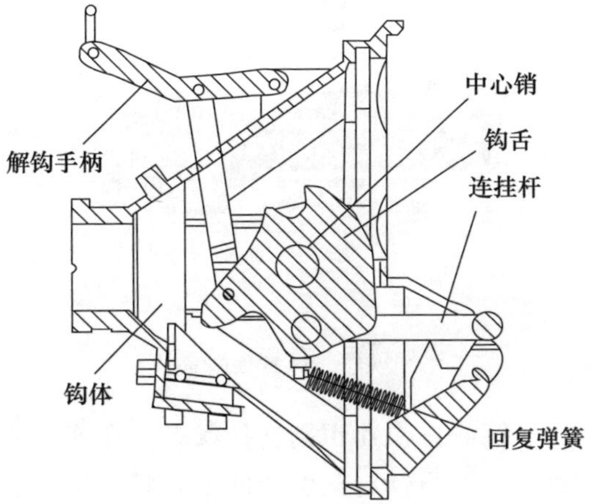

图 9-12　330 型车钩内部结构

密接式车钩有待连挂位（同时也是锁定位）和全开位两种状态。当车钩要连挂时，通过两车钩的相互撞击，钩体内部的钩舌等机构发生顺时针旋转，对方钩体的凸锥（cone）推动本钩钩舌等连挂机构旋转到最大角度，到达全开位，然后在弹簧的作用下迅速回复到锁定位，到达完全连挂后车钩连挂机构的位置状态。车钩在已连挂的位置状态如图 9-13 所示。

在解钩时，人工扳动解钩手柄，使钩体内部的钩舌及其他机构旋转到最大角度，到达全开位，此时两车钩可以正常分离，然后释放解钩手柄，在回复弹簧力的作用下，钩舌等其他内部机构回复到待连挂位（图 9-14）。

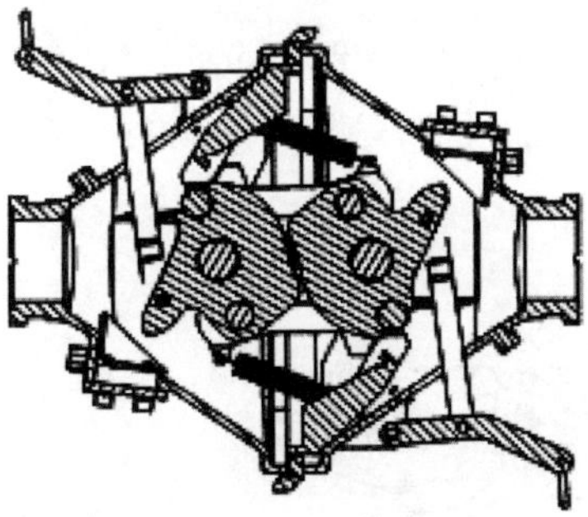

图 9-13　车钩在已连挂的位置状态

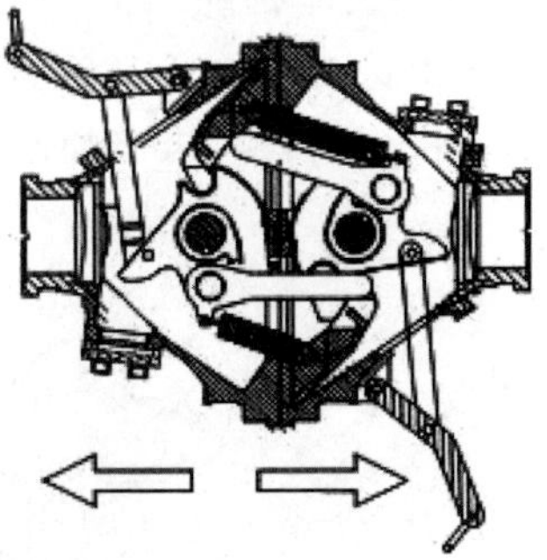

图 9-14　连挂机构在手动解钩时的位置状态

头车连挂系统钩体上装有自闭塞式风管连接器（总风管、连挂面上方），如图 9-15 所示，可以在列车连挂时自动连通列车管路，在列车分解时自动关断管路。

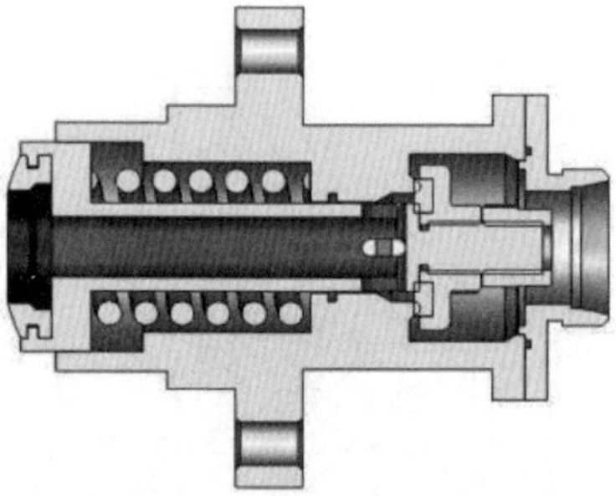

图 9-15 风管连接器

此外，为了便于在车辆侧方快速识别连挂状态，在连挂系统解钩手柄侧面设置连挂状态指示器，通过检查指针与刻度槽的重合状态来迅速判断车钩是否已连挂到位。该状态指示器的特点是不但可以从车钩上方进行检查，也可以从侧面进行检查，这样的设计使检修人员可以在车辆一侧准确判断连挂状态，大大方便了日常检修操作。

一、柴田密接式车钩

柴田密接式车钩通过一个在车钩头内可以旋转的半圆形钩锁实现车钩的密接式连接和锁闭。连挂时，对面车钩的凸锥（cone）会推动钩锁旋转，车钩面密贴到位后，钩锁在拉伸弹簧（extension spring）的作用下回复至倾斜位置，卡住连挂车钩的钩头体，实现连挂和锁闭。目前，在我国使用这种车钩的车辆有 CRH2 型动车组、25T 型提速客车和北京地铁列车等。

1. 柴田密接式车钩的结构

该型车钩由钩头、钩舌、解钩风缸（uncoupling air reservoir）、钩身、钩尾等部分组成。钩头为带一平面的凸圆锥体，侧面是带有凹孔的钩身，其组成如图 9-16 所示。

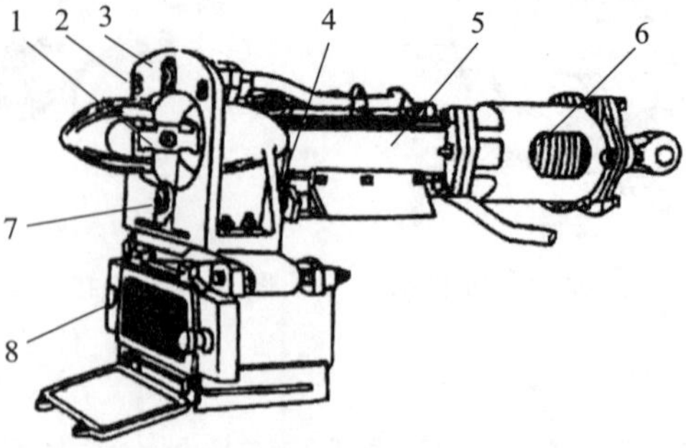

图 9-16 柴田密接式车钩结构图

1—钩舌；2—解钩风管连接器；3—总风管连接器；4—截断塞门；5—钩身；
6—缓冲器；7—制动风管连接器；8—电气连接器

2. 柴田密接式车钩装置作用原理

两钩连挂时，凸锥插进对方相应的凹锥孔中。此时凸锥的内侧面在前进中推压对方的钩舌使其转动，这时解钩风缸的弹簧受压缩，钩舌旋转。当两钩连接面接触后，凸锥的内侧面已不再压迫对方的钩舌，由于弹簧的作用，使钩舌向相反方向旋转恢复到原来的状态，此时处于闭锁位置，完成了两车连挂。

两钩分解时，由司机操纵解钩阀，压缩空气由总风管进入本车的解钩风缸，同时经解钩风管连接器将压缩空气送入相连挂的另一辆车的解钩风缸，活塞杆向前推并带动解钩杆，使钩舌转动至开锁位置，此时两钩即可解开。当采用手动解钩时，只要用人力推动解钩杆，使钩舌转动至开锁位置，从而实现两钩的分解。

二、夏芬伯格密接式自动车钩

夏芬伯格（Scharfenberg）自动车钩引自瑞典丹纳公司 10 号车钩系统，该型车钩是丹纳公司为高速动车组开发的自动车钩。目前，这种车钩主要在动车组车辆上使用，如 CRH1 型动车组等。

1. 夏芬伯格密接式自动车钩结构

自动密接式车钩缓冲装置主要由钩头、钩体与缓冲器（buffer）、电气连接器（electrical connector）、风管连接器、尾部橡胶弹性轴承（elastomeric bearing）、中心调整装置（central adjusting device）、钩头电加热装置（coupler electric heater）等部件组成。具体结构如图 9-17 所示。

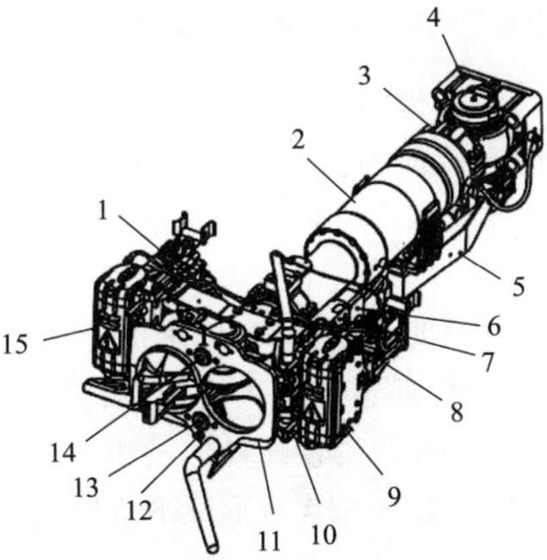

图 9-17 夏芬伯格密接式自动车钩

1—右侧电气车钩激活器；2—缓冲器；3—套筒接头；4—枢轴支座；5—支撑对中装置；6—加热接线盒；7—气动系统；8—左侧电气车钩激活器；9—左侧电气车钩；10—手动解钩装置；11—机械钩头；12—UC 阀门；13—MRP 阀门；14—BP 阀门；15—右侧电气车钩

钩头机械连接部分如图 9-18 所示，它由壳体（case）、钩舌、中心轴（central shaft）、钩锁连杆（coupler lock connecting rod）、钩锁弹簧（coupler lock spring)、钩舌定位杆（coupler knuckle positioning rod）及弹簧、定位杆顶块及弹簧、解钩风缸等组成。壳体的前部，一半为凸锥体，一半为凹锥孔，两钩连挂时相邻车钩的凸锥体和凹锥孔互相插入。钩舌固定在中心轴上，钩舌绕中心轴转动时可带动钩锁连杆动作；钩舌呈不规则几何形状，设有供连接时定位和解钩时解钩风缸活塞杆的凸舌、钩锁连杆的定位槽、钩嘴等，是车钩实现动作的关键零件。钩锁连杆在钩锁弹簧拉力作用下使车钩连接可靠。钩舌定位杆上设有两个定位凸缘，使钩舌定位在待挂或解钩状态。定位杆顶块可以在连挂时顶动钩舌定位杆，实现两钩的闭锁。

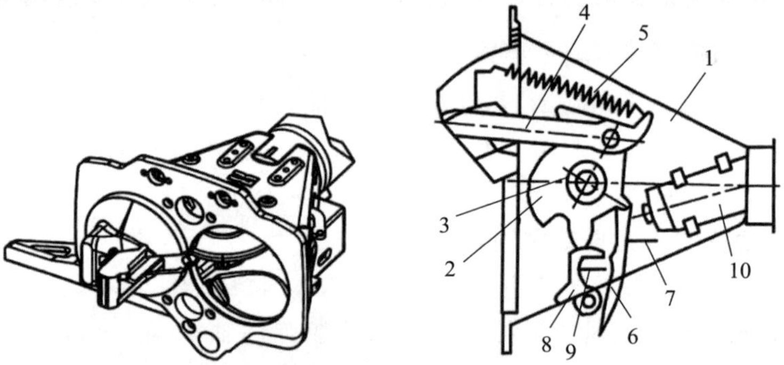

图 9-18 钩头机械连接部分组成图

1—壳体；2—钩舌；3—中心轴；4—钩锁连接杆；5—钩锁弹簧；6—钩舌定位杆；7—钩舌定位杆弹簧；8—定位杆顶块；9—定位杆顶块弹簧；10—解钩风缸

2. 夏芬伯格密接式自动车钩的连挂状态

（1）待挂状态：车钩连接前的准备状态。此时钩舌定位杆被固定在待挂位置，钩锁弹簧处于最大拉伸状态，钩锁连杆退缩至钩头锥体内，钩舌上的钩嘴对着钩头正前方。

（2）连挂状态：相邻两钩的凸锥体伸入对方的凹锥孔并推动定位杆（locating rod）顶块，定位杆顶块摆动迫使钩舌定位杆离开待挂位置，钩锁弹簧的回复力使钩舌作逆时针转动，并带动钩锁连杆伸进相邻车钩钩舌的钩嘴，完成两钩的连接闭锁。这时两钩的钩锁连杆和钩舌形成平行四边形连杆机构。当车钩受车拉时，拉力由两钩的钩锁连杆均匀分担，使钩舌始终处于锁紧状态；当车钩受冲击时，压力通过两车钩壳体凸缘传递。

（3）解钩状态：司机操纵按钮，控制电磁阀使解钩风缸充气，风缸活塞杆推动钩舌顺时针转动，使两钩的钩锁连接杆脱开对方钩舌的钩嘴，同时使钩锁连接杆克服钩锁弹簧的拉力缩入钩头锥体内，这时定位杆顶块控制钩舌定位杆使钩舌处于解钩状态。两钩分离后，解钩风缸排气，定位杆顶块由于弹簧作用复位，钩舌回至待挂位，车钩又恢复到待挂状态。

第四节 钩缓装置常见故障及处理
(Common Faults and Treatment of Coupler and Buffer Device)

在运输生产过程中，车钩缓冲装置常发生以下几种故障：

(1) 列车在运行中或调车作业发生重大冲击时，易发生钩舌及钩舌销 (coupler knuckle pivot pin) 折损故障。在有列检所的车站，应通知列检所派人处理；在无列检所的车站或运行途中，应与机车乘务员配合，用机车前部或最后一辆车后部同型车钩配件更换（如有列尾装置，最后一辆车后部车钩不可使用)。

(2) 列车发生重大冲击时，钩体、从板 (follower)、从板座 (draft lug) 以及缓冲器等易产生变形、裂纹或断裂。发现上述故障时，应及时通知车辆段派人修理。

(3) 车钩闭锁位置不良。

①钩锁不能充分落下。这是因为钩舌尾部和钩锁两接触面磨耗过多，造成作用不灵活；或因钩头内有煤、石、杂物等，卡住钩锁不能下落。

②自动开锁。这是因为防跳不良，防跳部因磨耗未能卡住，在车辆运行时由于振动 (vibration) 造成车钩分离；或钩锁销链过短，车辆冲击振动时也会引起自动开锁。

(4) 车钩开锁位置不良。

①钩锁栽头。在开锁时，由于钩头内各接触面之间的磨耗等各种因素使钩锁下降，当提起钩提杆时，钩锁因头部偏重而向前倾斜，使钩锁头部容易脱出钩腔 (coupler chamber) 而被卡住，造成提不起钩锁，使开锁作用不良。

②开锁座锁面、锁座 (lock bracket) 磨耗。开锁时虽然能提起钩锁，但放下车钩提杆时，钩锁又自动落下，原因是钩锁的开锁座锁面磨耗过限，或钩舌推铁锁座部分磨耗过限，或钩舌推铁 (coupler knuckle throwe) 严重变形，致使开锁作用不良。

此外，钩锁弯曲变形，钩锁与上锁销杆 (top lock lift link) 或与下锁销 (bottom lock lift toggle) 脱离等均会使车钩开锁作用不良。

提钩时遇此情况，须待车辆脱钩后方可将车钩提杆放下。

(5) 车钩全开位置不良。

①钩锁的前部凸起（全开作用凸起）高度不足或磨耗过甚，车钩在进行全开作用时，钩锁的前部凸起与钩腔的全开作用台不能充分接触，以致不能完全推出钩舌尾部。

②钩舌推铁磨耗或钩舌推铁弯曲变形，致使全开作用不良。

此外，钩舌销 (coupler knuckle pivot pin) 弯曲、钩锁销链过长均会使车钩全开位置不良。

遇此情况时，可用手直接提链或一手提链一手扳动钩舌，使其达到全开位置。

Word 专业词汇汉英对照（Glossary）

专业词汇	拼音	英文
车钩装置	chēgōu zhuāngzhì	coupler device
自动车钩	zìdòng chēgōu	automatic coupler
非刚性车钩	fēigāngxìng chēgōu	non-rigid coupler
钩头	gōutóu	coupler head
钩身	gōushēn	coupler shank
钩尾	gōuwěi	coupler tail
密接式车钩	mìjiēshì chēgōu	tight-lock coupler
自动车钩	zìdòng chēgōu	automatic coupler
凸锥	tūzhuī	cone
缓冲器	huǎnchōngqì	buffer device
从板	cóngbǎn	follower

思 考 题（Questions）

(1) 钩缓装置主要由哪几部分组成，以及每一部分有什么作用？

(2) 密接式车钩有哪些优点？

(3) 将下面英文翻译成中文。

At present, the transportation of locomotives and vehicles in my country is divided into two categories: passenger and cargo. They mainly use non-rigid automatic couplers, which can automatically complete the action of unlocking or coupling when the coupler lever is pulled or the two cars collide with each other. At this stage, the focus of the research is on the coupling of heavy-duty freight locomotives, so the main focus is on the coupling of my country's freight locomotives. For a long time, the types of couplers used in freight locomotives are: No. 2 coupler, No. 13 coupler, No. 16 coupler, No. 17 coupler; buffer types:

No. 2 buffer, MX-1 and MX-2 rubber buffers, G2 buffers, MT-2 and MT-3 buffers.

拓展阅读 (Extensive Reading)

最早的时候，列车的车厢基本上都是沿用矿山上木质轨道矿车，那车钩就是车底木头纵梁上加出来的铁钩子，更没有缓冲器。早期的车钩其实就是两个钩子中间挂上铁环之类的轻巧物件，然而这些东西并不能解决减速时车厢间相互挤压的问题。等到钢铁制成的蒸汽机车奔驰，铁路网在英国本土极速扩张时，第一种成熟的车钩——链式车钩也应运而生。车钩本体就是两个挂着三连杆环形铁索的钩子，铁索中间有一根双反纹螺杆，还有一个便于旋转螺杆的可折叠把手。

链式车钩的连挂与解挂方式：连挂时，车厢相互接近至缓冲饼轻触，挂车员钻到缓冲饼下面把挂环挂到另外一节车的钩子上，旋紧螺栓至三连杆大致拉直；解挂时由挂车员钻下去放松螺栓，然后拿下来即可。

这种车钩是比较简单的，然而限于20mm直径的螺杆，最大列车牵引重量仅为3000～4000t，再考虑比如大坡道的存在，实际牵引重量只会更低，再重螺杆就会扯断。伊利·汉密尔顿·詹尼根据以往车钩的样子，设计了新的车钩并在1873年得到美国专利局颁发的专利证书。这份专利确定的车钩就是日后广泛运用于全世界的自动车钩的最初蓝本。詹式自动车钩在国外流传开来，英国人挺喜欢，把这车钩用在客车上。日本人更是直接引用为标准车钩。在我国，是由詹天佑定为当时的中国标准车钩并大力推广。

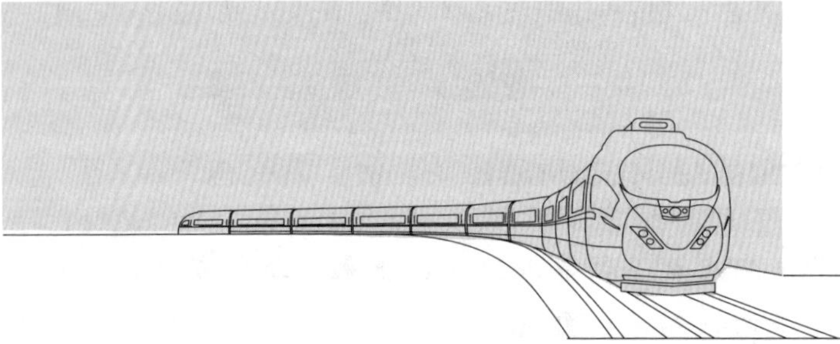

第 十 章

铁道车辆动力学评价

Dynamic Evaluation of Railway Vehicle

铁道车辆动力学（dynamics）主要是研究车辆在线路上运行时各个构件之间、各节车辆之间及车辆与线路之间的力、加速度和位移等相互动力作用的一门学科。其研究内容主要包括安全性（safety）、平稳性（stationarity）、舒适性（comfort）、轮轨几何关系（wheel rail contact geometry relation）等方面。本章以铁道车辆为主要研究对象，以 GB/T 5599—2019《机车车辆动力学性能评定及试验鉴定规范》作为主要标准，介绍考虑车辆系统在轨道激励（track excitation）作用下的动力学特性。车辆在运行过程中的安全性包括范围很广，本章主要介绍与动力学相关的内容，根据 GB/T 5599—2019 中规定的动力学指标进行阐述。

第一节　动力学性能评价基本术语和定义 (Terminology and Definition of Dynamic Performance Assessment)

一、最高运营速度（Maximum Operation Speed）

机车车辆能够适应长期持续运行的最高速度，单位一般用千米每小时（km/h）表示。

二、运营速度（Operating Speed）

运输组织、线路、信号和机车车辆综合决定的运行速度，单位一般用千米每小时（km/h）表示。

三、允许欠超高（Permissible Cant Deficiency）

机车车辆通过曲线时允许的最大未被平衡的超高，单位一般用毫米（mm）表示。

四、轮轨力（Wheel-rail Interaction Force）

车轮和钢轨之间的相互作用力。轮轨力分为轮轨垂向力 P 和轮轨横向力 Q，在每个车轮上分别测量，单位一般用千牛（kN）表示。

五、轮轴横向力（Wheelset Lateral Force）

左右轮轨横向力的代数和，又称车轴横向力。

六、振动加速度（Vibration Acceleration）

机车车辆运行时各个部件会发生振动，在轴箱、转向架和车体等部件上通过设立加速度传感器而测得的加速度，单位一般用米每二次方秒（m/s^2）表示。

第二节　安全性（Safety）

车辆运行安全性是铁路运输最基本的要求，既有线提速以及高速铁路修建使得这个问题更加突出，世界各国铁路工作者对此均非常重视，对行车安全性评价指标及限度进行了大量研究，取得了丰硕的成果并已应用于实践。车辆运行安全性主要涉及车辆是否会出现脱轨（图 10-1）和倾覆问题。车辆脱轨根据过程不同大体可分为爬轨脱轨、跳轨脱轨、掉道脱轨等。其中，爬轨脱轨（wheel-climb derailment）是随着车轮的转动，车轮轮缘逐渐爬上轨头而引起的脱轨，它是车辆运行中较常见的脱轨形式，也是各国学者研究的重点。一般以脱轨系数、轮重减载率、倾覆系数（overturning factor）等指标来评定车辆运行的安全性。目前我国车辆部门主要采用脱轨系数和轮重减载率两项指标。

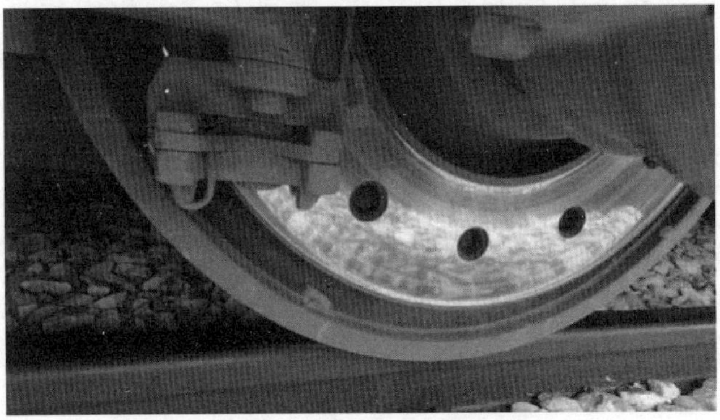

图 10-1　车轮脱轨现象

一、脱轨系数（Derailment Coefficient）

车辆运行时，在车辆结构参数设置不合理、运用条件恶劣和线路状态不佳时，可能导致车轮脱轨。在测量或计算得到的轮轨力中，采用同一时刻的横向力与垂向力的比值作为脱轨系数，并以此来考察车辆系统的运行安全性。一直以来所使用的脱轨系数，无论从理论计算还是测量数据整理看，均可以分为下列两类。

(1) 不考虑作用时间的脱轨系数。它是将测量或计算得到的轮轨垂向力瞬间值作为轮重值而使用的脱轨系数。从理论上看，就是将直接作用于车轮/轨道上的垂向力值，作为轮重值而使用的脱轨系数，它是为了判定车轮是否有可能对轨道产生“逐渐升高现象”而使用的脱轨系数。

(2) 考虑作用时间的脱轨系数（跳轨安全系数）。它是不考虑轮重测量或计算波形中产生的剧烈变动，仅取变化比较平缓部分的值作为轮重值而使用的脱轨系数。使用该定义所确定的脱轨系数是为了判定当产生较大的冲击性横向力时，车轮是否会有可能产生“腾空现象”(uplift phenomenon)，是一种考虑了横向力作用时间的评价方法。

两种脱轨系数轮轨力比较见表 10-1。

表 10-1　两种脱轨系数轮轨力比较

脱轨系数	垂向力	使用除急剧变化成分以外的、变化较为平缓部分的值
	横向力	使用与轮重同时产生的横向力峰值
跳轨安全系数	垂向力	使用直接作用于车轮/轨道间的垂直力（瞬间值）
	横向力	使用与轮重同时产生的横向力峰值

当轮重和横向力随着时间而发生的变动较为平缓时，两种脱轨系数的数值会变得一致，但如果冲击性横向力发挥作用，轮重及横向力随着时间而发生的变化非常剧烈时，两个数值有较大差异。前一种所定义的内容称为第一脱轨系数 (the first derailment coefficient)，后一种所定义的内容称为第二脱轨系数 (the second derailment coefficient)。脱轨系数 Q/P 用于评定车轮轮缘在横向力作用下是否会爬上轨头而造成脱轨，脱轨系数为爬轨侧车轮作用于钢轨上的横向力 Q 与其作用于钢轨上的垂向力 P 的比值。

轮轴横向力：轮轴横向力 H 为同一轮对左右车轮的轮轨横向力 (wheel-rail lateral force) 的代数和，用于评定车辆在运行过程中是否会因为过大的横向力而导致轨距扩宽或线路产生严重变形。各种动力学标准对轮轴横向力的评定指标有不同要求，在 GB/T 5599—2019 中轮轴横向力评定值按下式计算：

$$H \leqslant 15 + P_0/3 \tag{10-1}$$

式中，P_0 为静轴重 (static axle load)，公式中力的单位为千牛 (kN)。

实际计算脱轨系数时，只需要知道轮轨横向力和轮轨垂向力 (vertical wheel and rail force)，对两者的比值进行后处理并取最大值即可，然后再与限制值比较看是否满足标准要求。GB/T 5599—2019 标准规定的脱轨系数评价限制值见表 10-2。

表 10-2 脱轨系数评价限制值

车种	脱轨系数 Q/P	
	曲线半径 250m≤R≤400m；侧向通过 9 号、12 号道岔	其他线路，R>400m
客车、动车组	≤1.0	≤0.8
机车	≤0.9	≤0.8
货车	≤1.2	≤1.0

二、轮重减载率（Rate of Wheel Load Reduction）

对于脱轨安全性指标来说最基本的就是脱轨系数。但是，仅依靠脱轨系数来判定安全性却并不充分。其主要原因是：

（1）轮重（wheel weight）较小时与其对应的横向力一般也较小，计算脱轨系数时受到轮重和横向力测量误差的影响就较大，因此要获得正确的脱轨系数比较困难。

（2）垂向力（vertical force）较小时，使用该垂向力和与其对应的横向力得到的脱轨系数很容易达到脱轨限界值；另一方面，单侧车轮轮重减少时，另一侧车轮轮重一般会增大，此时极小的轮对冲角变化会导致较大的横向力，从而加大了脱轨（derailment）的危险性。

（3）根据多次线路试验来看，与其说脱轨系数值较大容易导致列车脱轨，还不如说轮重减少得越多越容易导致列车脱轨。

因此，除了脱轨系数以外，还有必要对显示轮重减少程度的指标进行限定，并以此来判断机车车辆/动车组脱轨的安全性问题，该指标称为轮重减载率，为轮重减载量 ΔP 与该轴平均静轮重 $\overline{P}$ 的比值。

GB/T 5599—2019 对轮重减载率的限制值如下：

当设计最高速度 $v\leqslant 160$km/h 时，$\dfrac{\Delta P}{\overline{P}}\leqslant 0.65$；

当设计最高速度 $v>160$km/h 时，$\dfrac{\Delta P}{\overline{P}}\leqslant 0.80$。

第三节 平稳性（Stationarity）

运行平稳性主要是针对客车上旅客的乘坐舒适度、货车上装运货物的完整性而制定的评价车体随机振动（random vibration）的指标，有不同的评价指标和计算方法。主要评价参数是车体上规定位置的各方向振动加速度（vibration acceleration），将其统计处理后得到评价指标值。

我们常说的平稳性指标是指 Sperling 指标，分为横向平稳性指标和垂向平稳性指标。我国 GB/T 5599—2019 中的平稳性指标频域加权系数，是对原始 Sperling 加权系数修改过的，所以计算的指标值也略有差异。

在 GB/T 5599—2019 中，统一用乘坐舒适度公式来计算平稳性指标，并用于评价客车和货车的振动。该公式为：

$$W_z = 3.57\sqrt[10]{\frac{A^3}{f}F(f)} \tag{10-2}$$

式中，W 为平稳性指标；A 为振动加速度（m/s^2）；f 为振动频率（Hz）；$F(f)$ 为频率修正系数，频率修正系数表见表 10-3。

表 10-3 频率修正系数表

垂直振动		横向振动	
f（Hz）	$F(f)$	f（Hz）	$F(f)$
$0.5\leqslant f<5.9$	$0.325f^2$	$0.5\leqslant f<5.4$	$0.8f^2$
$5.9\leqslant f<20.0$	$400/f^2$	$5.4\leqslant f<26.0$	$650/f^2$
$f\geqslant 20.0$	1	$f\geqslant 26.0$	1

车体平稳性指标分横向平稳性和垂向平稳性，两方向的平稳性指标评定等级是一样的。平稳性指标等级按客车、货车和机车分别进行评价，表 10-4 为车辆平稳性指标评价等级。一般车辆进行型式试验时，都要求平稳性指标达到优秀或良好。

表 10-4 车辆平稳性指标评价等级

平稳性等级	客车、动车组	货车	机车	评定
1 级	$W_z\leqslant 2.5$	$W_z\leqslant 3.50$	$W_z\leqslant 2.75$	优秀
2 级	$2.50<W_z\leqslant 2.75$	$3.50<W_z\leqslant 4.0$	$2.75<W_z\leqslant 3.1$	良好
3 级	$2.75<W_z\leqslant 3.0$	$4.0<W_z\leqslant 4.25$	$3.1<W_z\leqslant 3.45$	合格

运行品质采用车体振动加速度进行评价。运行品质的评定限值区分客车、动车组、货车和机车，具体规定如下：

（1）客车和动车组：车体垂向振动加速度$\leqslant 2.5m/s^2$，车体横向振动加速度$\leqslant 2.5m/s^2$。

（2）货车：车体垂向振动加速度$\leqslant 5.0m/s^2$，车体横向振动加速度$\leqslant 3.0m/s^2$。

（3）机车：车体垂向振动加速度$\leqslant 3.5m/s^2$，车体横向振动加速度$\leqslant 2.5m/s^2$。

第四节 舒适性（Comfort）

舒适度指标是评价车辆乘坐性能的一个综合指标，是对车体测点纵、横、垂三个方向加速度的综合评价得到的乘坐性能评价指标。舒适度指标作为车辆乘坐性能指标，得到国际上的广泛应用。

舒适度指标 N_{MV} 是对在铁道车辆上乘客平均舒适度的度量方法。评定以车辆地板面振动加速度测量为基础。舒适度评定是由车辆上相当数量的乘客以 5min 内给出的舒适性评分平均值作为基础，并与车体上测得的振动加速度对应，从而得到舒适度指标的加权函数。

司机室振动加速度传感器的测量安装位置如图 10-2 所示。司机室垂向、横向和纵向振动加速度传感器（vibration acceleration sensor）安装在司机座椅下方的地板面上，分别位于前心盘向左 1m，后心盘向右 1m。

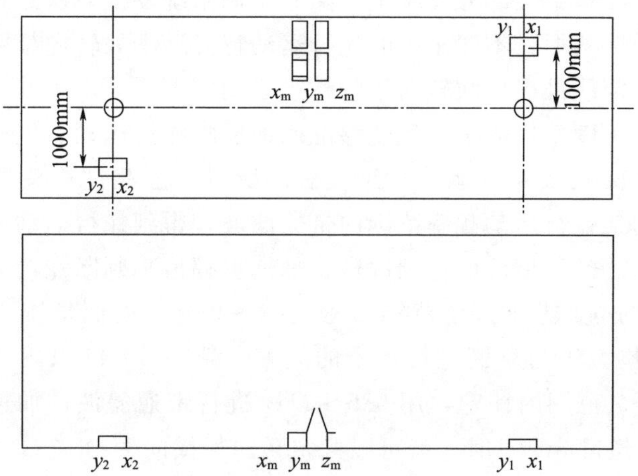

图 10-2　司机室振动加速度传感器的测量安装位置图

表 10-5 给出了 GB/T 5599—2019 舒适度指标的评定等级，依据不同动力学标准该评定等级略有差异。

表 10-5　动车组和客车舒适度等级

舒适度等级	舒适度指标	评定
1 级	$N_{MV}<1.5$	非常舒适
2 级	$1.5\leqslant N_{MV}<2.5$	舒适
3 级	$2.5\leqslant N_{MV}<3.5$	一般
4 级	$3.5\leqslant N_{MV}<4.5$	不舒适
5 级	$4.5\leqslant N_{MV}$	非常不舒适

第五节　稳定性（Stability）

蛇行运动稳定性（hunting motion stability）是铁道车辆需要满足的最基本动力学要求之一，但由于线路试验（line test）很难获取临界速度（critical speed），所以很多标准都要求最高试验速度（maximum testing speed）大于运营速度（operating speed），且给出了考核蛇行运动稳定性的横向加速度等替代指标。

蛇行运动主要体现在车辆系统的横向运动，可以通过横向加速度来判断蛇行运动的稳定性。车辆在线路上运行时，轴箱（axle box）振动加速度幅值很大，往往能达到数十克到数百克，且频谱成分复杂，这给加速度传感器可靠性、数据处理方法、评判准则都带来很大的挑战。车体悬挂模态频率较低，转向架蛇行运动传递到车体已经被绝大部分衰减了，除非车辆系统发生一次蛇行，或者转向架蛇行引起车体弹性共振，不然车体的蛇行运动特征远不如转向架明显，所以车体振动加速度不一定能准确反映转向架的蛇行运动。

构架上的加速度幅值适中，且能够准确地反映蛇行运动。但构架中部横向加速度不一定能准确反映蛇行运动摇头模态。所以一般测试构架端部的横向加速度，然后在转向架蛇行运动频率范围内带通滤波，得到蛇行运动占主要成分的振动波形。通过计算蛇行谐波的连续次数、加速度幅值来判断蛇行运动的稳定性。

构架横向加速度滤波频率范围一般为3～9Hz，近似情况下也采用0.5～10Hz以内的范围，因为车辆蛇行运动的频率一般在10Hz以内。横向稳定性在最高试验速度v_{max}范围内评定，用0.5～1Hz进行带通滤波，加速度峰值有连续6次以上达到或超过$8m/s^2$时，就可以判定转向架横向失稳。

Word 专业词汇汉英对照（Glossary）

专业词汇	拼音	英文
轮轴横向力	lúnzhóu héngxiànglì	wheelset lateral force
振动加速度	zhèndòng jiāsùdù	vibration acceleration
线路试验	xiànlù shìyàn	line test
随机振动	suíjī zhèndòng	random vibration
平稳性	píngwěnxìng	stationarity
安全性	ānquánxìng	safety
轨道激励	guǐdào jīlì	track excitation
轮轨几何关系	lúnguǐ jǐhé guānxì	wheel rail contact geometry relation
临界速度	línjiè sùdù	critical speed

思 考 题（Questions）

（1）铁道车辆动力学评价包括哪些部分？

（2）一般蛇行运动通过什么指标进行表达？

（3）将下面英文翻译成中文。

Vehicle system dynamics is a branch of system dynamics. Its research object is vehicle system. Vehicle system dynamics studies vehicle system characteristics (suspension structure and parameters, positioning mode, etc.), external environment input (lines, catenary and airflow, etc.), vehicle system response, and the dynamic relationship between the three. It makes the vehicle system have good stability, stability and safety. Ensures the service life of the vehicle system, and reduces the cost of design, manufacturing, operation and maintenance.

拓展阅读（Extensive Reading）

为什么我国高铁上硬币能竖立不倒？一位在中国旅行的外国人，将一枚硬币竖立在以300km/h速度飞驰的京沪高铁列车窗台上，硬币竟然能够屹立8min而不倒。对于高铁运行的稳定性，我们可以从三个指标来考察。第一个指标是纵向稳定性，包括列车起停时、加减速时、匀速运行时的平稳性；第二个指标是横向稳定性，主要反映列车的左右摇摆；第三个指标是垂向稳定性，主要是反映列车的上下颠簸。应该说作为世界上标准最高的高铁线路与列车，CRH380系列在京沪高铁上行驶时，这三个指标都已经达到了一种极致。

就保证列车平稳运行方面而言，高铁线路首先要平直。所谓平直就是尽量采用直线或者大半径的圆曲线，不能有太多太急的弯道。如350km/h速度的高铁要求线路的曲线半径不小于7000m，而京沪高铁的最小曲线半径是9000m，在非常困难的地方最小曲线半径也不得低于7000m。而日本、欧洲的很多高铁线路最小曲线半径只有4000m左右。为了做到线路的平直，我国高速铁路建设大量采用桥梁和隧道，一方面可以节约土地征用，另一方面能够截弯取直。其次是要平顺，所以线路坡度不能太大。如京沪高铁最大坡度低于12‰，困难处最大坡度也不能高于20‰。当然高铁线路还要严格控制沉降，这也是我国高铁建设热衷采用桥梁的原因之一。普通的填方路基是由特定的填料（黏土、碎石土等）填筑而成，这些填料填筑时是较为松散的，需要依靠机具压实到一定程度。但是由于填料本身的固有性质，即便是机具压实后，填土也会继续发生一定程度的固结沉降。而桥梁则不是，桥梁是建立在桩基之上的。根据地质情况不同，桩基的深度也不一样，一般要打到岩石层，有些深度达六七十米深。所以建立在桥梁之上的线路产生的沉降很小。

竖一枚硬币在我国高铁的窗台上 8min 而不倒的原因就在这里。

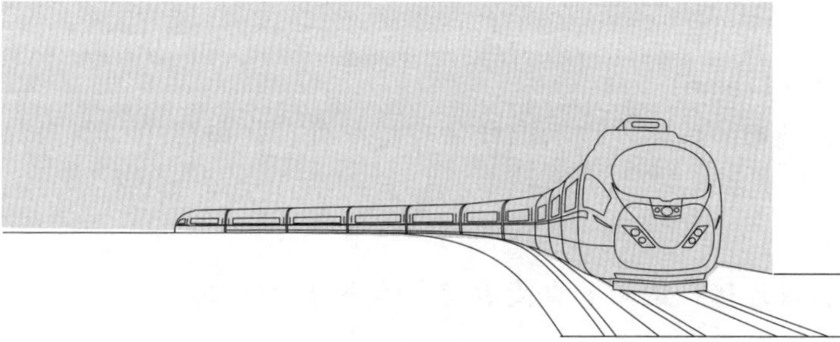

第 十一 章

铁道车辆结构强度评价

Structural Strength Evaluation of Railway Vehicle

车辆结构强度（structural strength）是车辆实现高速、安全、耐久（endurance）和可靠运行（reliability operation）的保证。车辆强度设计与分析内容主要包括：分析与确定结构在运用中所受到的各种载荷（load）及其组合作用；采用有效的技术对给定结构进行强度设计与分析；确定结构在满足车辆运输安全及耐久性的要求下，对结构强度进行评估的方法。

随着铁道车辆运行速度和载重量（loading capacity）的不断提高，轻量化（light weight）结构的疲劳可靠性（fatigue reliability）问题成为影响列车安全运行和旅客生命财产安全的首要问题。为了准确分析车辆结构在运行中的应力分布（stress distribution）和刚度特性（stiffness characteristic），在车辆设计过程中，其结构的强度和刚度需要进行分析与验证。

现阶段轨道车辆强度设计主要包括四种类型：静强度分析（static strength analysis）、疲劳强度分析（fatigue strength analysis）、模态分析（modal analysis）、撞击设计与分析（collision analysis）。

第一节　转向架构架强度及试验
(Bogie Frame Strength and Test)

构架（bogie frame）是轨道车辆转向架（bogie）最主要的承载构件，转向架的载荷主要来源于构架。本节参考我国 TB/T 3549.1—2019《机车车辆强度设计及试验鉴定规范 转向架 第 1 部分：转向架构架》。

一、基本术语

1. 转向架构架（Bogie Frame）

在转向架中用于联系轴箱并传递作用力的整体焊接部件，一般位于一系悬挂和二系悬挂之间。

2. 摇枕（Bolster）

转向架上通过弹簧装置连接在构架上直接承受车体重量的部件，并承担转向架和车体的相对转动功能。

3. 摇动台（Swing Bolster）

由吊杆、吊轴和弹簧托板等组成的横向弹性复原装置，用于改善转向架的横向动力性能。

4. 静态载荷（Static Force）

不随时间变化的力。

5. 准静态载荷（Quasi-static Force）

随时间缓慢变化且无动态激励的力，通常在有限时间段内载荷保持恒定。

6. 主要运营载荷（Main Operation Load）

运营过程中来自轨道和车体等经常出现的转向架外部载荷。

7. 特殊运营载荷（Particular Operation Load）

运营过程中来自转向架悬吊部件（如牵引电机、制动装置等）产生的经常出现的内部载荷。

8. 扭曲载荷（Twist Load）

由于轨道扭曲或考虑低速脱轨引起的转向架轮重变化对构架产生的扭曲作用载荷。

9. 菱形载荷（Diamond / Lozenging Load）

由于摇头运动以及通过小半径曲线时转向架两侧承受相反方向横/纵向力而引起的剪切作用。

二、构架强度设计验证

转向架构架强度设计验证应包括计算分析、试验台架试验和线路动强度试验三个部分。

1. 采用有限元方法对构架的静强度、疲劳及模态进行计算，与后续章节中提及的车体强度计算相同，目前国内主要采用 ANSYS、ABAQUS 和 HYPERMESH 等商业软件进行分析计算。

2. 试验室台架试验包括静态试验、疲劳试验。

（1）静态试验

①模拟超常载荷的静态试验：目的是验证在运用时可能出现的最大载荷的共

同作用下，转向架构架没有产生永久变形的危险。

②模拟主要运营载荷的静态试验：目的是验证在运用时出现的主要运营载荷（垂向、横向及轨道扭曲等）的共同作用下，转向架构架没有产生疲劳裂纹的危险。

③模拟特殊运营载荷的静态试验：目的是验证在转向架零部件（牵引电机、制动装置、减振器等）产生的特殊运营载荷作用下，转向架构架没有产生局部疲劳裂纹的危险。

（2）疲劳试验目的是确定构架的总体寿命、评估安全裕量、检查在静态试验中没有确认的潜在薄弱点。疲劳试验通常在静态试验完成后进行。疲劳试验载荷根据计算分析或静态试验结果来确定，通常情况下应包括：

①主要运营载荷

a. 垂向载荷（vertical load）：由静态载荷、准静态载荷和动态载荷三部分构成。

b. 横向载荷（lateral load）：由准静态载荷和动态载荷两部分构成。

c. 扭曲载荷（twist load）：如果静态试验表明转向架构架不受线路扭曲影响时（例如构架抗扭刚度较低或是铰接式转向架），疲劳试验中可不施加扭曲载荷。

d. 纵向载荷（longitudinal load）和菱形载荷：如果静态试验表明转向架构架在纵向载荷或菱形载荷单独作用下安全裕量不足20%，或者与垂向载荷、横向载荷等主要运营载荷共同作用下超过疲劳极限时，在疲劳试验中应施加这些载荷。

②特殊运营载荷

如果静态试验表明转向架构架在特殊运营载荷单独作用下安全裕量不足20%，或者与垂向载荷、横向载荷等主要运营载荷共同作用下超过疲劳极限时，在疲劳试验中应施加这些载荷。

3. 线路动强度（dynamic strength of line）试验目的在于获得正常运用条件下构架关键部位应力变化的时间历程，并给予疲劳理论评估转向架构架的疲劳寿命。

线路动强度试验在机车车辆运用的典型线路上进行，通过实测机车车辆结构部件在运营期间实际应力，对结构部件的疲劳强度进行校核。

动强度校核可采用以下方法之一进行：

（1）疲劳极限法；

（2）疲劳累积损伤法。

评定方法：

根据Palmgren-Miner线性累积损伤理论，等效应力的计算公式见式（11-1）：

$$\sigma_{eq}=\left[\frac{L}{L_1 N}\sum n_i\ (\Delta\sigma_{ni})^m\right]^{\frac{1}{m}} \tag{11-1}$$

式中，L为被试机车车辆在规定使用期限内的总运用公里数；L_1为实测动应力时的远行公里数；n_i为第i级应力水平对应的应力循环次数，采用雨流计数法或其他已经过验证的计数方法计数得到；$\Delta\sigma_{ni}$为第i级名义应力；m为材料S-N曲线的幂指数；N 为等效的循环次数。

当 $\sigma_{eq} \leqslant [\sigma_f]$ 时，则该测点的动强度满足规定使用期限要求；反之，则该测点的动强度不满足规定使用期限要求。

$[\sigma_f]$ 为测点处的疲劳许用应力，依据材料的 Goodman 图或 S-N 曲线确定。

第二节　车体、底架的强度试验
(Strength Test of Vehicle Car Body and Underframe)

本节参考我国 TB/T 3550.2—2019《机车车辆强度设计及试验鉴定规范 车体 第 2 部分：货车车体》。除采用三系悬挂的车体，其余车体在进行强度设计验证时应包括其全部车体和底架钢结构，其验证应包括计算分析、台架静强度试验（static strength test）两部分。

一、基本术语（Basic Terminology）

1. 车体自重（Tare Weight of Car Body）

车体本身结构以及附于其上的所有固定设备及附件的质量之和。

2. 载重（Loading Capacity）

车辆标记中所注明的允许装运货物的质量。

3. 整备品质量（Servicing Weight）

为保证编组车辆的正常工作而应具备的食品、燃料、水、工具等的质量之和。

4. 转向架自重（Tare Weight of Bogie）

转向架本身结构以及附于其上的所有固定设备及附件的质量之和，包括轮对自身的质量。

5. 车辆自重（Tare Weight）

空车时，车辆自身具备的质量，等于车体自重与转向架自重之和。

6. 车辆总重（Gross Weight）

车辆自重、载重以及整备品质量之和。

二、车体强度设计验证（Body Strength Design Verification）

1. 一般要求

车体强度设计及计算的基本原则和一般方法见 TB/T 3548 要求。复杂结构承载能力的计算，宜采用有限元分析方法。车辆结构方案确定后，宜进行车辆冲击模拟计算。

2. 车体基本作用载荷

（1）垂向静载荷（vertical static load）：包括车体自重、载重和整备品质量。

载重假定为均布。敞车应设有排水措施，敞车和无盖漏斗车需考虑雨雪增载对车体结构强度的影响，雨雪增载按照标记载重的 0.15 考虑。集中载重按供需双方认可的技术条件确定。整备品质量按照装满备足的情况考虑。

垂向静载荷 F_{cj} 按公式（11-2）计算。

$$F_{cj}=(m_1+\delta m_4+m_5)g \tag{11-2}$$

式中，g 为重力加速度，取 9.81m/s²；δ 为雨雪增载系数，敞车和无盖漏斗车时取值为 1.15，其他车型取值为 1。

（2）垂向动载荷（vertical dynamic load）：垂向动载荷由垂向静载荷乘以垂向动载荷系数而定。

垂向动载荷系数按公式（11-3）计算。

$$K_{dy}=\frac{1}{f_j}(a+bv)+\frac{dc}{\sqrt{f_j}} \tag{11-3}$$

式中，K_{dy} 为垂向动载荷系数；f_j 为车辆在垂向静载荷下的弹簧静挠度（对于变刚度弹簧，静挠度值为垂向静载荷与相应载荷下的弹簧刚度之比），单位为毫米（mm）；v 为车辆的最高运行速度，单位为千米每小时（km /h）；a 为系数，取值为 1.50；b 为系数，取值为 0.05；c 为系数，取值为 0.427；d 为系数，取值为 1.65。

3. 侧向力（Lateral Force）

侧向力包括离心惯性力和风力。在计算试验车体侧梁、枕梁以及侧墙的强度时，可不施加侧向力，而以加大 10%垂向静载荷来考虑侧向力的影响。

（1）离心惯性力（centrifugal inertia force）：如果没有特殊规定离心惯性力，则按照垂向静载荷的 7.5%取值。

在强度设计时，车体重心高度按公式（11-4）计算。为简化计算，亦可假定转向架重心位于轮轴中心线同一高度上，车体重心距轮轴中心线的垂向高度，取为 1800mm。

$$h_z=\frac{\sum(m_i\cdot h_i)+m_c\cdot h_c}{m_4+m_1} \tag{11-4}$$

式中，为 h_z 为车体重心距轨面高，单位为毫米（mm）；h_i 为车体各部件重心距轨面高，单位为毫米（mm）；h_c 为所装货物重心距轨面高，单位为毫米（mm）；m_i 为车体各部件的质量，单位为吨（t）；m_c 为所装货物的质量，单位为吨（t）。

（2）风力（wind force）：风力按单位风压力乘以车体的侧向投影面积计算。风力的合力作用于投影面积的形心上，单位风压力可取 540Pa。

4. 纵向力（Longitudinal Force）

纵向力是指列车在各种运动状态时，车辆间所产生的纵向拉伸和压缩的力。

纵向拉伸力沿车体的车钩中心线作用于车辆两端的前从板座上。

纵向压缩力有两种作用方式：一是沿车钩中心线作用在车辆两端的后从板座上；二是沿车钩中心线作用于车辆一端的后从板座上，而为车辆及其所载货物的惯性力所平衡。

5. 试验条件

试验一般应在室内进行。试验场地应不受阳光直射、高温辐射、空气剧烈流动的影响，无漏雨，无腐蚀性气体，气温保持在0℃以上；试验场地附近应无强磁场、噪声及振动的干扰，以不影响测试精度为原则；具备照明和起重设备。

被试车体应经制造商检验合格，并符合相应设计图样和技术条件的要求。

试验前后应对被试车体测试部位的技术状态，如各部变形、铆接和焊接质量情况，进行检查和测量，并作记录。

试验前应将被试车体水平支承在心盘（center plate）和旁承（side bearing）上。

6. 垂向载荷试验

车体支承在心盘和旁承上，使底架（underframe）处于水平状态，然后加上均布或集中的试验载荷。

垂向载荷分布应尽可能接近车体实际承载状态，可用实际货物、砝码、油缸（cylinder）或风缸（air reservoir）等加载。

7. 纵向力试验

纵向拉伸力沿车钩中心线加在前从板座（front draft lug）上，纵向压缩力加在后从板座（rear draft lug）上，或纵向力实际作用位置。对已定型车辆进行车体强度检验时，可由纵向压缩的试验应力换算为纵向拉伸的应力。

8. 扭转载荷试验

在枕梁的四个端部将车体顶起，使上下心盘离开一定距离成四点支撑，并处于水平状态。将任意一个对角线的两个支撑上升或下降，使车体产生扭转。车体设计扭转载荷为40kN·m。

9. 罐体内压力试验

一般采用水压试验。

10. 散粒货物侧压力试验

当采用等效集中力测试散粒货物侧压力时，用加载设备在车体内两侧墙对应侧柱的垂直中心线上的相应高度处加载，集中力按散粒货物对侧柱根部的弯矩进行等效。

全车各对侧柱均按上述方法分别加载（loading），然后测得各组的应力数据叠加作为本工况的试验值或各对侧柱同时加载，测得的应力值亦为本工况的试验值。

11. 翻车机（wagon tippler）内倾弯矩试验

利用加载设备在车体的两侧墙对应侧柱的适当高度，沿其垂直中心线加载，侧墙立柱根部内倾总弯矩由一侧的侧柱均摊，分别对各组侧柱加载，将测得的各组应力数据叠加作为本工况的试验值，或各对侧柱同时加载，测得的应力值亦为本工况的试验值。

12. 翻车机压车力试验

利用加载设备，在翻车机压车力可能作用的上侧梁位置上，在200mm长度上均布施加压车力。

13. 叉车（forklift truck）载荷试验

叉车载荷可作用在车体地板任何位置，应校核载荷位于跨距最大的地板中央处、地板支撑梁件中央位置、其他使地板或地板支撑梁件产生最大应力或变形位置时的强度和刚度。

14. 顶车试验

车体承受所规定的载荷，用加载设备在车体一端两侧顶车位将车体顶起，车体与转向架承载面脱离。

当车体结构具有明显不对称时，需对不同顶车位分别进行顶车试验。

15. 试验步骤

各测点传感器与测量仪器之间的导线连接以及仪器调试后，应首先进行预加载（preliminary load）。预加载可按两级或三级缓慢加载，一直加到试验所要求的最大值。在各级载荷下预加载时，被测结构和测试系统均处于正常状态，方可进行正式试验。

正式试验时，每种工况加（卸）载次数不应少于三次，取有效结果的平均值。

Word 专业词汇汉英对照（Glossary）

专业词汇	拼音	英文
转向架构架	zhuǎnxiàngjià gòujià	bogie frame
摇枕	yáozhěn	bolster
静态载荷	jìngtài zàihè	static force
主要运营载荷	zhǔyào yùnyíng zàihè	main operation load
扭曲载荷	niǔqū zàihè	twist load
菱形载荷	língxíng zàihè	diamond / lozenging load
车体自重	chētǐ zìzhòng	tare weight of car body

续表

专业词汇	拼音	英文
载重	zàizhòng	loading capacity
整备品质量	zhěngbèipǐn zhìliàng	servicing weight
车辆总重	chēliàng zǒngzhòng	gross weight
垂向静载荷	chuíxiàng jìngzàihè	vertical static load
垂向动载荷	chuíxiàng dòngzàihè	vertical dynamic load
纵向力	zòngxiànglì	longitudinal force
侧向力	cèxiànglì	lateral force

思 考 题（Questions）

（1）铁道车辆强度分析主要包括哪些部分?

（2）常用的强度计算软件有哪些？请举例说明。

（3）将下面英文翻译成中文。

Static strength analysis is usually referred to as strength analysis to study the load-bearing cap the ability of resisting deformation (stiffness) and the response characteristics (stress distribution, deformation shape, buckling mode, etc.) of the structure under load. Static strength analysis is the most frequently used analysis in engineering structure design. It is mainly used to solve the response of structure under static load (such as concentrated / distributed static load, temperature load, forced displacement, inertial force, etc.) which is independent of time or the effect of time can be ignored, and obtain the required displacement, stress and strain energy of structure under normal temperature. In addition to the study of bearing capacity, the static strength also includes.

拓展阅读（Extensive Reading）

为适应社会和经济发展的需要，各国铁路纷纷进行大规模的现代化技术改造，同时改革运输组织工作，积极采用高新技术，在重载、高速运输和信息技术方面取得了新的突破，再加之现代管理和优质服务以及铁路的区域联网、洲际联网，使铁路增添了新的活力，在陆上运输中仍继续发挥着骨干作用，在现代化运输方式中占据重要的地位。

各国铁路客运发展的共同趋势是高速、大密度，扩编或采用双层客车。采用动车组和电力机车牵引旅客列车是实现客运高速化的重要条件。轻轨交通将备受青睐，因为它是改善城市交通环境、最富有生命力的一种交通工具；市郊铁路与地下铁道、轻轨铁路紧密合作，共线、共站，共同组成大城市的快速运输系统，这是各国解决人口密度较大地区客运繁忙的有效措施。在未来的铁路发展中，大城市快速运输系统将同全国铁路网连接，紧密配合，形成客运统一运输网。

在货物运输方面，集中化、单元化和大宗货物运输重载化是各国铁路发展的共同趋势。重载单元列车是用同型车辆，固定编组、定点定线循环运转，首先用于煤炭运输，后来扩展到其他散装货物，对提高运能，减少燃油消耗，节省运营车、会让站、乘务人员等都有显著效果，经济上受益很大。铁路运输的安全、迅速、节省包装，简化手续，明显的经济效果促进各国铁路集装箱运输的发展，发展的趋势是大型化、标准化。

对于货物车辆来说，除采用大型货车外，需在降低货车自重、提高轴重或增加轴数等方面下功夫。对于客车来说，为了达到高速化的目的，重在发展轻型化车辆，转向架的结构、车体的结构都在向轻量化发展。随着新材料的不断涌现，耐大气腐蚀的耐候钢、热镀锌钢板等金属材料，玻璃钢、泡沫聚氨酯、合成纤维布等聚合材料以及精密陶瓷材料，还有光导纤维、超导材料都逐步在铁路机车车辆、集装箱、线路、隧道、桥梁、通信以及接触网等各方面被普遍采用。可以预见，随着高新技术的发展和应用，铁路将重新焕发生机。

参考文献

References

［1］ 国家铁路局．机车车辆动力学性能评定及试验鉴定规范：GB/T 5599—2019［S］．北京：中国标准出版社，2019.

［2］ 国家铁路局．机车车辆强度设计及试验鉴定规范 转向架 第 1 部分：转向架构架：TB/T 3549.1—2019［S］．北京：中国铁道出版社，2019.

［3］ 国家铁路局．机车车辆强度设计及试验鉴定规范 车体 第 2 部分：货车车体：TB/T 3550.2—2019［S］．北京：中国铁道出版社，2019.

［4］ 国家铁路局．铁道车辆科技手册：第一卷［M］．北京：中国铁道出版社，2000.

［5］ 国家铁路局．铁道车辆科技手册：第二卷［M］．北京：中国铁道出版社，2000.

［6］ 马军强．铁道机车车辆［M］．2 版．成都：西南交通大学出版社，2019.

［7］ 米彩盈．铁道机车车辆结构强度［M］．成都：西南交通大学出版社，2007.

［8］ 胡用生．现代轨道车辆动力学［M］．北京：中国铁道出版社，2009.

［9］ 贺观．跨座式单轨交通车辆［M］．成都：西南交通大学出版社，2016.

［10］ 高伟，金光．电力机车构造［M］．成都：西南交通大学出版社，2015.

［11］ 亚牛，廉洁．漫画车辆［M］．北京：中国铁道出版社，2009.

［12］ 林宏迪．漫画机车［M］．北京：中国铁道出版社，2009.

［13］ 周磊，陈雷．铁路货车主要结构与使用［M］．北京：中国铁道出版社，2011.

［14］ 盛伟民．铁路客车：上册［M］．北京：中国铁道出版社，1984.

［15］ 丁叁叁．时速 600 公里高速磁浮交通系统［M］．上海：上海科学技术出版社，2022.

［16］ 张曙光．HXD_1 型电力机车［M］．北京：中国铁道出版社，2009.

［17］ 李向国．高速铁路（专职）［M］．北京：中国铁道出版社，2009.

［18］ 《铁路货车概要》编委会．铁路货车概要［M］．北京：中国铁道出版社有限公司，2020.

［19］ 华亮，姜建宁．机车车辆概论［M］．北京：北京交通大学出版社，2010.

［20］ 张卫华．动车组总体与转向架［M］．北京：中国铁道出版社，2011.